INTRODUCING ARISTOTLE: A GRAPHIC GUIDE

by RUPERT WOODFIN & JUDY GROVES

Copyright:©2013 ICON BOOKS LTD

This edition arranged with ICON BOOKS LTD

through BIG APPLE AGENCY, INC.,LABUAN, MALAYSIA.

Simplified Chinese edition copyright:

2020 SDX JOINT PUBLISHING CO. LTD.

图画通识丛书
A Graphic Guides

亚里士多德

**Introducing
Aristotle**

鲁珀特·伍德芬（Rupert Woodfin）/ 文

朱迪·格罗夫斯（Judy Groves）/ 图

肖鹏 / 译

图书在版编目（CIP）数据

亚里士多德／（英）鲁珀特·伍德芬文；（英）朱迪·格罗夫斯图；肖鹏译．—北京：生活·读书·新知三联书店，2020.8
（图画通识丛书）
ISBN 978－7－108－06908－5

Ⅰ．①亚…　Ⅱ．①鲁…②朱…③肖…　Ⅲ．①亚里士多德（Aristotle 前384-前322）－哲学思想－研究　Ⅳ．① B502.233

中国版本图书馆 CIP 数据核字（2020）第 135151 号

责任编辑　李静韬
装帧设计　张　红
责任印制　徐　方
出版发行　生活·讀書·新知 三联书店
　　　　　（北京市东城区美术馆东街 22 号　100010）
网　　址　www.sdxjpc.com
图　　字　01-2019-1745
经　　销　新华书店
印　　刷　北京隆昌伟业印刷有限公司
版　　次　2020 年 8 月北京第 1 版
　　　　　2020 年 8 月北京第 1 次印刷
开　　本　787 毫米 × 1092 毫米　1/32　印张 5.75
字　　数　50 千字　图 174 幅
印　　数　0,001－8,000 册
定　　价　38.00 元
（印装查询：01064002715；邮购查询：01084010542）

目 录

一颗广博的心灵

博学的大师。

——**但丁·阿利吉耶里**（1265—1321 年），诗人、《神曲》作者。

　　亚里士多德曾经被当成最有智慧的人。他对人类的文化、认识和知识具有难以比拟的影响。我们许多的思考方式都可以追溯到他及其作品，这在今天还常常不为人所知。尤其是，通行于西方世界的理性文化、科学文明和技术文明更应归功于他，而不是其他人。他对伦理学、心理学、生物学、政治学和文学鉴赏的发展同样做出重要的贡献。

亚里士多德的家庭背景

因为距今已有 2400 年，亚里士多德成了一个模糊的形象。

这个家族可能为好几代的马其顿国王效力。这种医学的背景很重要。即便在当时，医学也依赖于敏锐的观察，而这正是亚里士多德所有著作的特征。

还不清楚亚里士多德生前是否行医，但他之后确实相当自大地说……

他可能在一个舒适而并非豪华的庭院里度过了幸福的童年，在这里优先考虑的是将理论的智慧与实际的行动结合起来。

在雅典所受教育

　　亚里士多德还是一个少年的时候
就失去了父母，由普洛克西诺照顾，
这个人可能是他父亲的一个亲戚。他
的聪明必定是显而易见的，因为在
17岁的时候他被送到雅典完成他的
教育。色雷斯的学者们肯定是被这个
聪颖的学生激怒了，但也无可奈何。
他到雅典不久，便加入了柏拉图的
学园。

　　柏拉图（前428—
前347年）已经由于
他自己的哲学观点和他
对苏格拉底（前470—
前399年）的转述
而声名卓著。

SOCRATES

　　柏拉图的声誉不仅吸引了整个东地中海的学生和学者，而且还吸引了
许多有钱有势的雅典人的子弟。

会饮

柏拉图鼓励深入讨论那些晦涩难懂的话题，同时也教导雅典的青年，为他们的成年生活做准备。

会饮既可能是极富有智性的，又可能是完全的狂欢。然而我们不应该把学园设想成考试和获取证书的地方。这听起来像理想的生活，并且，亚里士多德后期的著作似乎表明他也是这样认为的。

亚里士多德与柏拉图

　　亚里士多德在柏拉图的学园里待了大概 20 年，肯定变成一名资深的成员。令人丧气的是，关于西方最伟大的哲学时期两位最重要的哲学家的关系，我们知之甚少。柏拉图和亚里士多德的思想遗产有明显的分歧，不过这种思想分歧很有可能发生在亚里士多德离开学园之后。另一方面，他也可能由于年轻气盛，从一开始就反对柏拉图的观点。

　　因此，保险的看法是，他们之间的关系偶尔会剑拔弩张，但还不至于反目。**伊索克拉底**（前 436—前 338 年）创立了一所与学园相竞争的学校。亚里士多德作为与之对立的学园的成员而著书立说。

隐情

柏拉图于公元前 347 年去世之后,亚里士多德离开了学园。我们无从知晓原因,但我们能猜到一些可能性。也许是学园太过于注重数学和纯理论,而不够重视亚里士多德感兴趣的实践科学。学园由柏拉图的外甥**斯彪西波**(Speusippus)接管,此人并不优秀。

雅典与马其顿的关系由于阿明塔的继任者"马其顿的腓力"而转向疏远,因为腓力刚刚洗劫了希腊的另一个城邦。亚里士多德有可能被认为是太倾向马其顿了。也有可能是这种情况,即学园的所有权只属于雅典公民,而亚里士多德从来就不是雅典公民。

亚里士多德的伴侣

　　亚里士多德离开雅典 12 年。他首先去了位于小亚细亚沿岸的阿塔努斯（Atarneus），此地位于爱琴海的另一边。这个地方的统治者，或者按照当地的称呼"僭主"，是**赫米阿斯**（Hermias）。这个人好像与柏拉图学园有些联系，并且在他的保护之下发展了一个小规模的学园共同体。赫米阿斯为亚里士多德和与他一起离开的朋友**色诺克拉底**提供了他们所需要的一切东西。

　　亚里士多德娶了赫米阿斯的侄女**皮迪阿斯**为妻，后者为他生了一个女儿。他们可能相亲相爱。

在很有可能于这段时期写作的《政治学》中，亚里士多德认为男人理想的结婚年龄是 37 岁，而女人是 18 岁。因为他结婚的时候是 37 岁，我们可以猜想皮迪阿斯当时 18 岁。他非常强烈地——甚至于古怪地——谴责通奸，称之为"寡廉鲜耻"。

希腊的婚姻通常具有实用性，或是为了建立政治和经济的联盟，或是为了产生继承人……

对于亚里士多德这种地位的男人来说，通常可能在妓女、姘妇或者女伴那里获得性满足。

她们非常像日本的艺伎。

不幸的是，皮迪阿斯死了。亚里士多德之后有了另一个伴侣，名叫**赫皮利丝**。她为他生了一个儿子，名叫尼各马可，亚里士多德的《尼各马可伦理学》就是以他的名字命名的。我们不知道他们结婚没有。在保存下来的遗嘱中他对她很好。如果她选择再嫁，会得到很好的补偿。

阿塔努斯城邦在公元前 341 年被波斯人占领，与众多野蛮时代一样，赫米阿斯被折磨致死是其野蛮的标志。

去钓鱼

恰好在此之前，亚里士多德离开阿索斯前往莱斯博斯岛，生活在米提利尼的主城。在那儿他遇到了出生于岛上的**泰奥弗拉斯多**（Theophrastus），再次建立了一个类似阿索斯学园的哲学团体。

亚历山大大帝

公元前 343 年，他收到将为历史所铭记的邀请。马其顿的腓力二世邀请亚里士多德担任他十三岁的儿子**亚历山大**的老师，后者在短暂的一生中子承父业，征服了世界上大部分知名的地方。

正如与柏拉图的关系一样，我们对于那个时代最伟大的智者与将会是最有权势的青年之间的关系知之甚少，甚至全然不知。

亚里士多德现存的政治学文献没有透露对马其顿王国的特别兴趣。

我们认为亚里士多德不需要为亚历山大的嗜杀生涯负任何责任。也许，整个关系中最引人瞩目的特征就是他们之间几乎互无影响。

腓力二世也许希望为他的儿子寻找最好的老师，而从父辈就存在的家族联系显示，亚里士多德无疑是最合适的人选。亚里士多德试图将《伊利亚特》中的英雄所具有的古典德性与他当时关于伦理学和政治学的思考结合起来。他坚信希腊人的优越性。

我称所有不是希腊人的人为野蛮人……

这种观点——是所有希腊人中的典型观点——也许曾激励我战胜他们和统治他们？

亚历山大的猜测似乎也只是部分成立。他选了一个波斯妻子，强烈鼓励他的将士与波斯人通婚。亚里士多德肯定会反对这一点。亚历山大可能曾派人把动物和植物从他新占领的地方送回给亚里士多德。

返回雅典

公元前 336 年，腓力二世被谋杀，亚历山大没有更多的时间来学习。亚里士多德在斯塔吉拉停留了一段时间，次年离开希腊北部返回雅典。尽管他与亚历山大的关系赋予他安全与成功，但这种关系可能是以一个乖张的音符终止的。亚里士多德的侄子**卡利斯提尼**（Callisthenes）当时已被任命为记录亚历山大东征的史官。但亚历山大变得越来越爱猜疑，控告卡利斯提尼谋反。

有可能亚历山大也曾为卡利斯提尼的叔父亚里士多德设想过相同的命运，但是幸运的是，什么都没有发生。

亚里士多德建立吕克昂学园

　　亚里士多德返回雅典时差不多五十岁了，是一个成熟的和受尊敬的哲学家。在**斯彪西波**去世之后，学园的主持者在这段时期又是空缺的，但亚里士多德并没有获得任命。他似乎并不打算在他的老同事**色诺克拉底**的主持下工作，而是建立了自己的学园——吕克昂。

学园位于雅典城外，邻近阿波罗吕克昂神庙，这是此前哲学家们出没的地方。

吕克昂神庙的建筑遗址已经在现代雅典的街道下方被发现了。

漫步学派

在这里，在吕克昂，亚里士多德生活和工作了十二年，指导学者和研究者的工作，进行教学。他在这个建筑的长廊中上课，古希腊语中"长廊"写作"peripatos"。

这个学园有广泛的学术兴趣，但倾向于主攻历史和生物学。

"二次犯罪"

公元前 323 年，亚历山大大帝去世。曾经由亚历山大维系在一起的马其顿王国开始土崩瓦解。雅典人抓住这个机遇，试图从马其顿独立出来。亚里士多德有性命之虞。他与马其顿的关系众所周知，并且他是马其顿的雅典总督的朋友。一项捏造的针对亚里士多德的不敬神的指控被提出来，正像之前对**苏格拉底**的指控一样。他离开了雅典。

我将不给予雅典人对哲学进行二次犯罪的机会。

公元前 399 年苏格拉底因不敬神的罪名被判处死刑。

一个真实故事的相关证据

当然，这个故事也许不是真的。尽管如此，确有一个亚里士多德危急时刻的故事，对此我们有独立的证据。据说，他写信给马其顿的雅典总督**安提帕特**，说："至于在德尔斐给予我但现在已被剥夺的荣誉，我既非过于在意，也并非漠不关心。"

在德尔斐，考古学家发现了这项荣誉的证据——一段碑文，在其中亚里士多德"被赞美和表彰"。

碑文已经被损毁，被抛入一口深井。

结局

　　亚里士多德最后的旅程是从雅典到优卑亚岛的哈尔基斯，他母亲在这里有产业。他因罹患胃病而死于一年之后或者公元前 322 年。关于他的死还有一种说法，我更愿意相信。优卑亚岛与大陆之间的海峡非常狭窄。尽管在整个地中海实际上没有多大的海浪，但是海峡中浪涌非常复杂。

　　据说，亚里士多德试图找出水流持续变动的原因，但屡遭失败，并因这种沮丧而逝世。

一个好人

关于亚里士多德，就我们所知，他是一个好人，既友善又慷慨。他的性格就像是他在其伦理学的著作中所写的那种"好人"。一些人根据他的著作把他描写成一个浮夸而无趣的人，但这更可能与他的著作被使用的方式有关，而不是因为他说了什么。

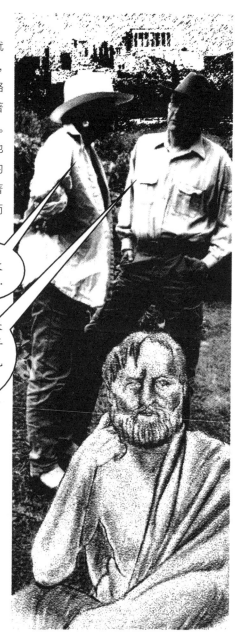

他有敌人……

人们形容他细长腿，小眼睛，并且说话有点儿结巴。

他众多的半身塑像，可追溯到吕克昂早期，这些塑像表明他是一个五官分明的人，非常有贵族气派。

他的著作

我们现有亚里士多德三分之一的著作，其余的都遗失了。30 本书留存下来，大概 2000 页。他撰写和发展了许多供大众阅读的著作，这些著作被他称为"面向大众"，具有他那个时代的文学风格，包括诗、信件、随笔和对话。据说他写的这些东西很漂亮。**西塞罗**给我们留下了他的描述。

我们不知道它们在哪儿，也许有一些在紧随亚历山大死后的反马其顿时期被毁掉了。

讲稿

　　我们见到的那些著作没有表现出其文学风格。这些著作在亚里士多德生前从未发表，但在他死后保存下来。它们数量少，难懂，重复，充满了唐突而未经说明的过渡和连接，毫无修饰，鲜少玩笑。诗人**托马斯·格雷**说阅读亚里士多德就像吃干草。这有点儿夸张，不过他的写作可能是困难的工作。大家都同意，这些"难懂的"著作实际上是讲稿，是他在日常教学的基础上使用的工作文件。

因为这些著作是给我自己用的，过渡和连接不需要说明。

玩笑和文学修饰可以在讲课的时候加进去。

　　此外，讲稿总是会用许多年，新的东西会添加进来，而被它们所取代的旧东西并不总是被删除——这样新的、旧的内容就会不一致。

亚里士多德的哲学方法是在他研究的领域中找到一个难题，即难点（aporia），努力攻克之。

此外，它们也可能不全是亚里士多德的著作。一些可能是由学生在他授课中或过后记录下来的，很可能不准确。之后的编辑在他们感到有错误的地方可能加入了一些段落或更改了一些内容。这些作品作为《亚里士多德著作集》而闻名，但亚里士多德的论文有可能是被收集在一起，而由其他人放到《著作集》之中的。

亚里士多德著作的历史

据说，亚里士多德的著作在他死后，都由他的弟子泰奥弗拉斯多保存。

它们最终由吕克昂的最后一任主持人、来自罗得斯岛的安德罗尼珂（Andronicus）编纂和出版。今天使用的亚里士多德著作的标准版本，1831 年出于**伊曼努尔·贝克尔**（Immanuel Bekker）之手，但也建立在安德罗尼珂的工作之上。

因此，著作的名称与顺序——还有鬼才知道的这些著作的其他方面——我们都归功于安德罗尼珂，在亚里士多德去世三百年之后形成了他的《著作集》。

因此，我们不知道亚里士多德的写作顺序，也不能说出他思想的发展过程。

　　有一个小规模的学术团体，试图确定亚里士多德刚开始是否就是一个柏拉图主义者，后来才步入具有自己鲜明特色的经验主义，或者相反。亚里士多德本人所写的著作与安德罗尼珂版本之间的主要差异，在于原始的文献可能是由大量简短的论文组成。安德罗尼珂依据某些一般的主题把它们收集到一起。

与阿拉伯世界的联系

当罗马沦陷的时候，几乎所有西欧人对亚里士多德著作和思想都不太了解了。

著作

出现在贝克尔版著作集中的亚里士多德作品如下。

（那些被认为不是出自亚里士多德之手的著作以星号标出。其他著作的某些部分可能也并非出自他之手。）

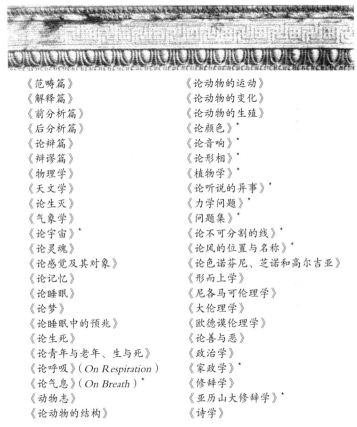

《范畴篇》 《论动物的运动》

《解释篇》 《论动物的变化》

《前分析篇》 《论动物的生殖》

《后分析篇》 《论颜色》*

《论辩篇》 《论音响》*

《辩谬篇》 《论形相》*

《物理学》 《植物学》*

《天文学》 《论听说的异事》*

《论生灭》 《力学问题》*

《气象学》 《问题集》

《论宇宙》* 《论不可分割的线》*

《论灵魂》 《论风的位置与名称》*

《论感觉及其对象》 《论色诺芬尼、芝诺和高尔吉亚》

《论记忆》 《形而上学》

《论睡眠》 《尼各马可伦理学》

《论梦》 《大伦理学》

《论睡眠中的预兆》 《欧德谟伦理学》

《论生死》 《论善与恶》

《论青年与老年、生与死》 《政治学》

《论呼吸》(*On Respiration*) 《家政学》*

《论气息》(*On Breath*)* 《修辞学》

《动物志》 《亚历山大修辞学》*

《论动物的结构》 《诗学》

《形而上学》，对终极实在的研究

许多人认为亚里士多德的《形而上学》是他的最大成就，其影响无疑是巨大的。这些论文的核心要点在于，世界就像它看起来的那样存在，能够被具有正常能力、经过正常训练的普通人所理解。科学的世界图景可溯源至这本著作。确实，没有这样一种特别的洞见，你很难明白科学是如何形成的。

实在论者与相对主义者

当亚里士多德开始处理关于实在的一些棘手问题时，他发现自己与当时的一个奇怪学派在争论。外在的世界能够如其所是得到客观描述吗？抑或关于世界的一切描述都植根于每个人的经验之中？我们可以把这场争论描述为**实在论者**与**相对主义者**（或反实在论者）之间的争论。如今相似的争论在科学家之间继续上演，其中有实在论者、后现代主义者，还有相对主义者。当时在雅典颇具影响的**埃利亚学派**主张，世界根本上不能为人

这些观点将催生**智者**运动，苏格拉底、柏拉图与亚里士多德强烈反对这种运动，因为智者拒绝终极真理的观念。

埃利亚学派的一元论观点

亚里士多德与埃利亚学派讨论这些问题的方式,对我们来说似乎很奇怪,因为他们的说法似乎不再中肯。尽管如此,这种说法在今天看起来不中肯的主要原因,是亚里士多德的论证太过有力。埃利亚学派是巴门尼德的追随者,而巴门尼德持一元论的观点,即世界只由一种不变的事物构成。

埃利亚学派对变化、时间、空间及事物之间的差异这些通常的概念缺乏信任,是完全违反科学的。

他们在论辩中总是捣乱,甚至主张一切的争论最终毫无用处。

埃利亚的芝诺(前 495?—前 435 年?)提出了一些至今仍困扰人们的悖论,这些悖论似乎表明时间与运动不可能存在。

阿基琉斯与乌龟

芝诺这个悖论的主角是与一只乌龟赛跑的神话勇士**阿基琉斯**。他让乌龟先跑之后才跑。然而,悖论是,他还能够追上它吗?

这个悖论说明了什么呢?我们知道,阿基琉斯事实上能够超过乌龟,因此**必定**存在一有限的空间和时间"段"。空间与时间并非能无限可分。

时间与箭矢

另一个悖论认为飞矢实际上是**静止**的。它在时间的每一瞬间都占据一个完全等同于它自身形状的空间。

它如何能够在毫无持续性的一瞬间处于运动状态呢？在那一瞬间它必定是不动的。

如果空间与时间是由不可分割的有限单位构成，那么我们将面对一个不可分的长度或持续之物的悖论。如果它们是无限可分的，那么一些无限小的事物是如何构成一个大的事物的？芝诺的结论是，时间与运动不是实在的，并且"变化的世界"是一个幻象，因为变化不可能。亚里士多德必须解决这些悖论，并且按照这个世界真正呈现的面貌提供一个科学的解释。

柏拉图的理念

尽管柏拉图反对埃利亚学派的立场，但他自己关于不变的**理念**（Ideal Forms）的观点显示了埃利亚学派对他的影响。柏拉图的确把日常的世界看作是次等的，是幻象。对于他而言，真正存在的事物是形式（forms）。它们就像是完美且永恒的摹本，我们周遭目之所见的一切事物是从它们摹仿而来。

终极的存在

这个问题牵涉**什么**存在（本体论）及在**何种程度**上我们能够**认识**什么存在（认识论）。亚里士多德认为，对埃利亚学派有力论证的充分回应需要解答这两个问题，并且，虽然这两个问题相关联，但需要区别对待，他通过科学方法的构思处理认识问题。然而，本体论的问题属于形而上学。

形而上学在今天被当作是一种关于终极存在的研究，即关于存在于我们一般科学的研究对象之上或之下的事物。

然而，对于我而言，它将是科学的基础。

这个词今天在哲学中非常平常，但它本来的意思是"物理学之后"。有一个故事，安德罗尼珂对这一卷特殊的论文集感到苦恼，不知道如何将它们归档，因此他将这些论文放在书架上物理学著作之后的位置。

经验主义：科学的基础

亚里士多德意识到如果存在着一个世界，并且这个世界对于我们是可理解的，那么我们必须对这个世界中存在之物的本质有完全的认识。世界就像是充满事物——或者亚里士多德所说的**实体**——的盒子。

在这里我们可以看到经验主义哲学传统的萌芽。

中间道路

埃利亚学派和智者学派否定解释世界的可能性。当亚里士多德似乎完全凭直觉拒绝这种观点时，他看起来也意识到解释本身有一些圈套。以一种极端的方式，柏拉图试图以二元论来解释世界：存在着两个领域，一个比另一个更"真实"。这种解释依赖于非物质的实体，似乎完全是神秘的。

德谟克利特和**留基波**认为这些最小部分是**原子**——小并且不可分的圆形颗粒。这对于解释一张纸是可行的，但对于解释印在这张纸上的银行来信就没什么用了。亚里士多德试图找到一条中间道路，既避免神秘主义又避免还原主义。

定义与描述

　　亚里士多德也意识到我们需要在对事物的**描述**与对它的**定义**之间进行小心区分。他认为当我们描述事物时，并没有言说事物实际上是什么，我们只是使此物区别于他物。对一个事物真实本性的解释必须包含某种令人信服的定义，而非仅仅是描述。

如果我说我秃头或者健忘，我确实是在说有用的具有描述性的事情。

但是我并没有言说真实的我，即我之本质。

　　有人可能认为，我能够以描述的方式言说所有关于我自身的可能事情，从而能言说我的本质，即这将是"我的全部"。然而，很难说这种罗列将止于何处。并且，描述总是相对的，依赖于描述者的观点。这一论证将使我们处于与埃利亚学派和智者学派同样的境况。

本体论：有关本质

因此，亚里士多德认为，我们要能够确定事物的本质——某种使此物区别于他物的绝对核心的特征。因此，就我而言，除了秃头和健忘之外，我还是另外的什么，某种使我成为人的、具有**人之本性**的什么。

"人的本性"将是一个定义。

因此，形而上学的任务是阐释事物如何通过它们具有的本质且核心的方面而存在。

什么是"是"？

亚里士多德在《范畴篇》的开头试图解决动词"是"（to be）的含义，别具一格。当我们说某物存在时，我们用这个词意指什么？亚里士多德认为日常语言实际上反映了世界组合在一起的方式。

语言与世界相互反映，也就是说，它们是同构的。

然而，我们常常误用语言，这使我们困惑并且导致了哲学上的困难。

在某些方面，这个观点与20世纪语言哲学的观点相似。

譬如，如果我们观察两个句子…

门是**绿色**的。　　金星是启明星。

（所有门的集合）（所有绿色事物的集合）　（"等同于"或"="）

（这扇门属于两个集合）

我们看到两个句子都含有词语"是"（is），是动词"是"（to be）的变形。我们可以设定这个词语在两个句子中发挥着同样的作用。实际上，并非如此。在第一个句子中，它告诉我们门具有一种特殊的属性，绿这种属性。然而在第二个句子中，"是"的作用完全不一样。

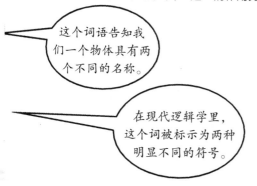

这个词语告知我们一个物体具有两个不同的名称。

在现代逻辑学里，这个词被标示为两种明显不同的符号。

"门是绿色的"可以用所有门的集合与所有绿色事物的集合这个观念来表述。这扇门属于两个集合。这两个集合相交，经常被标示为一个倒置的 ∪（"∩"）。"金星是启明星"可用表示"等同于"的符号，经常被标示为"="。亚里士多德自己没有理清这两种情况，但这是一个好案例，即我们如何在运用语言的时候不小心就给自己带来了困惑。

实存：存在问题

亚里士多德认为有可能通过如下这种想法来确立说某物**实有**（exist）究竟意味着什么：如果"存在问题"是由于我们误用动词"是"（to be）而产生的，那么对这个词语的更加完善的定义将会解决这个问题。

这个想法并不像看起来的那样荒唐，因为众所周知要解释"实存"（existence）指的是什么很困难，大多数解释都是同语反复。

例如，我们可以说"实存"意味着"处于一种具体情况中"，但这不能让我们前进半步……

这两个词语意味着相同的概念。

另外一些解决方法建议，解释实存的最好方式是指，一个物体在对观察者起作用时——无论是直接的还是间接的——，它是实存的。然而，这恰恰是亚里士多德想要回避的那种争论。

这意味着对于事物来说，实存也要求观察者的实存。

这种解决方法后来发展为哲学中的观念论传统……

然而，在当时这种与智术师的观点极为相似的思想，使亚里士多德受到了冲击，因而被看作是错误的和危险的。智术师普罗塔戈拉说过："人是万物的尺度。"倘若人对万物的实存是必要的，他理所当然是它们的尺度。

种和属

因此亚里士多德通过定义来解决问题的想法，对于他不仅是可行的，而且是一种好的推进的方法。他通过描述定义的一般过程来开始自己的工作。首先，事物根据它们所归属的种类（种）被分成不同的组。在这样一些组之内，根据那些独特的特征来进行次一级的划分。

要找到一个橡树的定义，我们首先必须确定它是"植物"这个种的成员。

有人可能问："它是大的还是小的？每年都会落叶吗？"

因此橡树可以暂且被定义为一种大的、每年落叶的植物。完整的定义要加上"属"。今天我们运用拉丁名称对生物进行分类的方式，可直接追溯到亚里士多德在这里运用的方法。

从这样一种定义方法我们得出，同一个词语经常运用于不同的事物。"植物"无疑均包含在橡树和雏菊这两种植物的定义之中。在此意义上，两者是同义的。

橡树与雏菊都提到了同一事物，即作为种的"植物"，尽管橡树和雏菊存在着明显区别。

对此我们不难理解。然而，他想要更进一步；他想说同义是内在于事物的同义，而不仅仅是我们谈论它们的方式。它们都具有"植物性"。因此，他认为我们可以通过事物的定义找出它们真正是什么。

这一个

亚里士多德认为在世界中实有（exist）或者**存在**（be）的基本事物是特定的个别的**实体**，像我的猫，那棵树，这个特定的人。他们在存在论上是基本的。他们是实体（ousia）。世界上实有的另一些事物是以多种多样的方式从属于实体的。实体，有时候被认为是**个别**之物，是那些我们对之具有直接经验的事物。正像他说的……

> 他们具有这一个的特性。但是仅仅具有对这样个别东西的经验，会有相当的局限性。

> 我们的生活就会像动物的生活一样，仅拥有大量的感知和转瞬即逝的记忆。

要拥有超出这些事物的知识，也就是科学知识（episteme），需要去了解**普遍之物**，它们存在于许多不同的个别实体那里。例如，一个个别之物可以是这张白色的纸，一个普遍之物是在这许许多多张纸中的白的性质。

这一个不是假象

　　亚里士多德认为世界中的基本的个别之物可以被纳入更加普遍的类别之中，而这些类别不及个别之物重要，因为它们在实存上依赖于后者。用亚里士多德的术语，我们可以说苏格拉底是一个人。这是一个定义。

　　这种区分在今天看来似乎是无关紧要的，甚或是矫揉造作的，但是对于亚里士多德却有无比的重要性，因为它提供了一个反驳埃利亚学派的强有力的论据。当我们说一种属性"在"一个实体之中的时候，说的是它不是在一个观察者之中。它不是随这个人的**观察**而改变，或与之相关，它是客观地**在那儿**，在事物之中。它并不是一个**假象**。

范畴

什么样的事物可以"在"一个实体之中？亚里士多德通过他著名的**范畴表**回答了这个问题。这里有实体的存在方式的分类。要抓住他的要点，我们需要回顾一些基本的语法。许多句子都是主谓形式的。也就是说，有一个主语，这个句子所谈论之物；还有一个谓语，它告诉我们主语的一些情况。"门"——主语；"是绿色的"——谓语。

> 埃利亚学派所犯错误是没有认识到主语和谓语在语言中发挥着不同的作用。

> 如果两者都被当作主语，那么我们就把两者都当成是名称了，而它们之间没有关联。

在"金星是启明星"这个句子中，两个名称是可以互换的，但没有一个告诉我们有关它们指称的实体的任何本质。这对于这个句子是很明白的，但是对于"门是绿色的"的这个句子却非如此。若把"是绿色的"作为一个名称，也就是说所有的描述都只是名称，而名称只是语言层面的选择，那么，我们将退回到假象的世界。

亚里士多德与我的猫

　　因此谓词必须是某种不同的东西。它们既存在于语言之中，也存在于世界之中。它们必须是"在"实体之中的事物。范畴就是谓词在实体之中的不同的方式。第一个范畴是**实体**本身，这是最重要的。同样重要的还有**质、量、关系**，随之还有**时间、地点、姿势、状态、活动**及**遭受**。一个实体是一个属的成员——也就是说，我的猫奥古斯。它的质会是"有波纹的"，它的量是两千克，它的关系是"我的"或"我的另一只猫"。另外的范畴实际上是最后这三个范畴的发展，而在目前的情况下，时间可能是"下午九点"，地点可能是"在火边"，姿势是"蜷曲的"，状态是"贪吃的"，活动是"咕噜咕噜叫"，遭受是"被抚摸"。

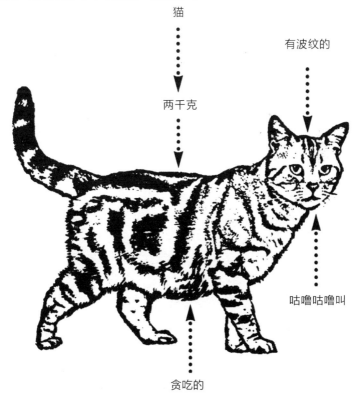

猫

有波纹的

两千克

咕噜咕噜叫

贪吃的

范畴是真实的吗？

所有的实体——世界中的客体——都有一些东西可以根据这十个范畴中的大部分得到言说。一些权威人士说得很有道理，实体之后的九个范畴契合于我们关于实体的而非其定义问题的种类。

回顾一下，大多数哲学家仍然不确信亚里士多德的范畴是真实的……

完全不同于我们使用词语和表述的方式。

然而，亚里士多德以来同样试图得到结果——一幅关于世界本身的清晰图像——的其他哲学家也遇到了同样的问题。

科学与范畴

　　亚里士多德认为科学**可以**超越**哲学**范畴之外。范畴是关于感官的直接对象的。当我们进行科学研究的时候，我们需要变得更加抽象与普遍。为了做到这一点，我们需要对实体的定义而非其描述进行分类。这些是被"谈到"（said of）的一些事物，而不是"在"（in）某物中的事物。我们谈到苏格拉底是一个人，因而"人"是一个普遍的术语，自个别的人得出的是一个**属**。此外，人是动物，就像狗与山羊一样，因此"动物"是个自"人""狗""山羊"得出的更普遍的术语。它是一个**种**。

人

山羊

狗

> 科学的认识活动是关于这样一个过程的，根据这个过程我们谋划出定义的等级。

　　每一层级的定义比个别之物更普遍和更广泛。最高和最普遍的定义分类是关于实体自身的，因为所有个别之物都是实体。

个别的实体

然而，"实体"这个术语并不包含很多信息——它几乎没有给出定义的细节。实际上，等级越低，包含的信息越多。亚里士多德认为"属"是一个包含最多信息的分类术语。说"苏格拉底是一个人"等于告诉我们苏格拉底不仅仅是动物（尽管他也是）。"苏格拉底是人"这句话向我们揭示了苏格拉底这个个体的本性。

普遍性越少的东西，你关于它的定义就越是实体性的。

自然生物，如苏格拉底或者那只山羊、那棵树，是世界中最基本的实体。

没有个别实体，更加普遍的种类不能实存。这一点对于今天的人来说好像不言自明，但我们要记得，亚里士多德是在与埃利亚学派争论，而这个学派完全不信任个别实体。

普遍之物

这些术语，属、种等等，指称的是**普遍之物**。就像范畴一样，关于这些普遍之物"实际上是什么"也是一个问题。当人们说它们是"真实的"的时候，它们不可能是物质的。一只个别的狗是物质的，世界上所有的狗也是这样的——甚至包括已经存在的狗和将要存在的狗。但是"狗"的概念并不是。

因此，如果普遍之物不是物质的，那它们还是真实的吗？

亚里士多德对此模棱两可。也许他并没有把这看成是一个重要的问题。

尽管看起来他也并没有一个明确的答案。

不管怎样，恰恰是在这个问题上面，科学家和后现代主义者至今仍争得面红耳赤。然而，亚里士多德确实感觉他关于范畴的论证足够有力，可以应付柏拉图的形式。柏拉图做的事情就是混淆范畴。当柏拉图说存在着关于美的完整形式，它永恒存在于某个非物质的世界中，这是把美看作是一个**主词**而非谓词，作为**实体**而非性质。

变化的种类

那么这些基本的实体——最基本的事物——是如何变化的？这是一个关键问题，因为如果存在一个质料实体的世界，那么它们显然会变化。埃利亚学派说变化是不可能的。但是亚里士多德争论说，既可以解释事物是**如何**变化的，又可以解释**为什么**它们会变化。关于前者的答案依据对**实体**和**范畴**的理解。第二个答案取决于对**原因**的理解。

似乎存在**两种**变化，两者都需要回答"如何"和"为什么"。

在第一种情况下，某个实体改变了它的特征的某些方面。

一个人变得越来越老，树落叶了。

亚里士多德说，实体，例如人或树，在一些或另一些范畴中经历一种转变，这些东西是它的性质，但是与它的本性相分离。

一个变老的人仍然是人。一棵没有树叶的树仍然是一棵树。

在第二种情况，某物从无变成了存在。

举一个亚里士多德最喜欢的例子，某天还什么都没有，几天之后有了一座雕像。

它是从哪儿来的？

这是一个更困难的问题，而亚里士多德的回答标志着他关于实体的认识首次浮现，即实体是**形式**与**质料**的结合。

形式与质料

在人变老这个例子中，人继续存在。但是在青铜雕像这个例子中，是什么东西继续存在呢？雕像是从**哪里来**的呢？亚里士多德的回答是**质料**。在这里我们也许可以得出结论，他现在说的是有某种东西比实体更加基础，也就是质料。但是他没有这么说。质料只是实体由之产生的东西。它不是基础的。它是无形式的和无特征的。

> 当质料与形式结合起来的时候，世界上的基本事物——实体就会产生。

> 在雕像这个例子中，雕塑家做了结合的工作。

形式被放进质料，就产生了实体雕像。在橡树这个例子中，它是自橡子而变得存在的，形式内在于橡子和橡树。橡子自动把树的形式放进土和水的粗糙质料中，因为它的本性就是这样。

目的论：由设计或目的而来的争论

因而，亚里士多德将实体看作是由目的或设计而得到规定的。在雕像这个例子中，我们看到了雕塑师的目的，而在树这个例子中，看到橡子内在的目的。在橡子这个例子中，形式是内在的。而在雕像这个例子中，形式是由雕塑师自外部赋予的。

这种思想导致了许多问题，但有效地解释了事物是**如何**变化的。

055

古代与现代的还原主义

但是它们为什么变化呢？即便世界是由许多不同的事物组成的，为什么它们不像它们最初的那样保持不变？当然，亚里士多德部分地回答了这个问题，他说一些转变，甚至于所有转变，都是有目的的，是与形式有关的。然而，这还远远不够。一些哲学家，像前苏格拉底学派的原子论者，会争辩说这套"形式"的说辞是瞎扯。

可以通过解释最基本的质料来解释事物的变化。

最终，我们可以通过观察构成树和人的粒子的基本本性来解释树落叶和人变老的方式。

057

亚里士多德论原因

亚里士多德强烈地反对任何还原主义的解释方式，而想要在实体——事物本身——而非它的构成部分的层面找到对变化的解释，因为实体是基础的。要做到这一点，他需要根据目的——在现代的意义上也是**原因**——对事物进行解释。现代的原因解释通常把原因放在我们要解释的事件之前。

如果我给一个自行车轮胎打气，在它里面（还有气筒底端）的空气变热，因为我增加了压力。

这是波义耳定律起作用的一个例子，这个定律认为气体压力的变化会导致温度的变化。

目的论的解释把事件的原因放在要解释的事件**之后**。这些解释涉及目的的讨论。

变化的本性

亚里士多德运用目的论方法解释变化的中心概念是"本性"（nature）。他说本性与实体的形式而非质料有关。在生物或植物的例子中可以看得最清楚。树的本性就是向上伸展枝桠，扎根地底。

总之，它们追求自我繁衍与它们的独特行为合到一起，就是它们的本性。亚里士多德的这个思想将会构成当代生态学的一个良好基础。植物和动物有它们自己的本性，我们不应该横加干预。

原因或"解释的类型"

　　亚里士多德当然不否认存在着我们现代意义上的原因。他只是认为这种原因没有对事物为什么变化给出一个适当或者完满的解释。

在《物理学》中，我展示了我著名的原因表，它提供了一种完满和完整的解释。

在古希腊语中表示原因的词是"aition"，而这个词有误导性。

在《物理学》这个文本中，将 aition 理解为"解释的类型"可能更好一点。

　　亚里士多德给出的四种原因是一些解释的方法，物体或事件或事情的状况由此得到理解。

四种原因

第一个是**质料因**。就像它的名字所表明的，这个解释涉及构成事物的物质。

一张纸会燃烧，因为构成这张纸的物质是这个样子的：它是可燃的。

第二个是**形式因**。某物由于用来实现它的目的的样式或形式而发生了特殊的变化。

毛毛虫转变自身，最终它依据自然规律变成一只蝴蝶。

第三个是**动力因**。通常认为这个原因最接近我们现代的"原因"，它指称的是因素或事件，它是变化的特殊根源。

动力因是在时间上可以确定先后的带来变化的东西，比如树遭到雷击，然后倒下。

第四个原因是**目的因**。这是亚里士多德原因论中最有争议性的一个。它根据一个事物的**终极目的**来解释它的变化，事物就是为此目的而被设计的。就像我们看到的，这种原因很适合解释生物。鲑逆流而上回到产卵地，因为这就是鲑注定（以不止一种方式）要做的。

亚里士多德对变化的解释

	某物变成另一物 树木落叶	某物从无中产生 一座雕像
如何？	十个范畴的变化	将形式注入质料
为何？	"Aition" ——四种原因或四种解释类型 ▶ 质料因 ▶ 动力因	▶ 形式因 ▶ 目的因

目的问题

问题在于无生命的人造的物这种情形。我们可轻易地理解锤子的目的因是钉钉子。但是，当锤子从长凳上掉下来，为什么会砸到我的脚趾？

这个事件的质料因是这个工具本身是有重量的。

形式因是它得以有用的形状。

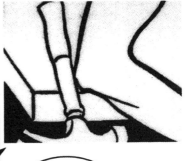

动力因是我的肘部不小心的推动。

但是在这个情形中什么是目的因呢？

难不成锤子有一个内在的目的，就是要向下？亚里士多德也许会说是，因为大多数事物都具有——至少是它们的目的因的一部分——这种向下性，一种尽可能抵达最低点的欲求。这对于当今的人来说相当地古怪，但是希腊人并没有重力的概念。

初见端倪的特征

在亚里士多德的四因中，我们看到了两种基本的视角，它们是两种科学解释，并且同时是两个世界的特征。一方面，我们有个质料的、机械的必然性的世界。

事物因其（由我们或由自身）构造和构成的方式而出现新的特征或特点，这些**新特征**或特点只可能与事物的构造有关。

自然的物和人造的物

也许亚里士多德没能区分人造
的物与自然的物，区分被做成的事
物与自己产生的事物。然而，他确
实认为动物诸多部位有着显而易见
的有用本性……

> ……
> 例如鱼的
> 鱼鳍…

> ……
> 不只是像人造的
> 事物，而是根本上
> 等同于人造的物。

他认为形式因和目的因不
只是解释自然的物的方式，而
且是自然的物真正的特征和它
们变化的方式。

形式问题

尽管在许多方面是令人满意的，但是亚里士多德在《物理学》中得到的结论还是留下了一些重要的问题。特别是，实体中质料与形式的正确关系是什么？他似乎认为，实体，就像一棵树，是特殊的物质质料与非物质的普遍形式的不稳定结合。质料与形式，哪一个为先？哪一个赋予实体以本性？

形而上学的解决方案

　　形式确实是普遍的。形式的属性是那些被许多实体分有的属性，因此没有一个特殊的具体特征。它们"**谈到**"的是个别的实体，它们不"在"这些实体之中，但它们是真实的。

　　如果不能解决，亚里士多德建立科学体系的整个计划就会面临失败。他的论证繁复难解，许多学者就他所说的或所意指的没办法达成一致。

基本的属

有一个答案会偏离他的原初立场，这种立场认为个别的实体——世界中的现实之物——是基本的。这种立场的好处是科学的主题明确了——"世界中的事物"；而不利之处在于，除非我们能厘清这些事物的形式与质料之间的关系，我们还是不知道事物的本质是什么。

在《形而上学》Z卷中，他试图解决这个问题，他改变了这种观点并且宣称个别的实体不是基本的。

我认为"属"是基本的——如人和椅子这样的属。

他认为能说出属的本质的，只有**定义**，不存在对于属的本性的描述。在定义中，形式与质料被完美地结合在一起。

潜能与现实

由这种观点的变化带来的问题是，亚里士多德之前用以反对普遍之物的优越性或者柏拉图的"形式"的那些论证，刚好也适用于反驳属的优先性。在《形而上学》的 Θ 卷和 H 卷中，他采取了另一立场。他论证说形而上学的重要区分是**潜能**与**现实**之分。在事物中，我们只能找到那些实现了的事物。

所有的事物都是由现实和潜能构成，由形式与质料构成。

第一个是决定性的东西，第二个是被决定的东西。

完全的现实

完全的潜能

因而我们能看到实存的连续性。

就最低层次和最不完满的而言，实存就是单纯的质料，就是混乱而毫无特征的一摊潜能。就最高的层面而言是至高的存在或至高的原因，它是完满的，不具有潜能，不包含质料，因而是完全的现实。

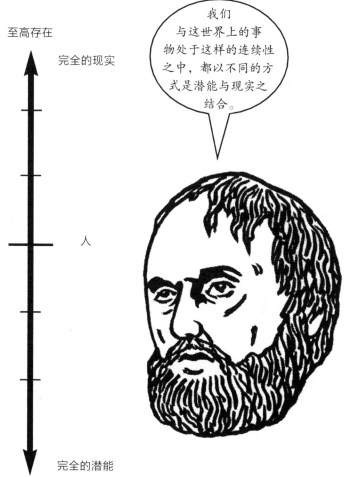

我们由此知道了亚里士多德的存在的原则。以这种方式，亚里士多德认为他达到了形而上学的两个研究目标之一。他描述了一个事物的世界，它与我们对这些事物的日常经验在很高程度上相对应。第二个目标是找出我们如何能具有关于这个世界的科学知识。

什么是逻辑学？

在《形而上学》中，亚里士多德在最基础的层面描述了我们能认识的东西。他还需要去解释我们是如何知道的，他在《工具篇》中做了大量这方面的工作。语言及"理性"的古希腊语写作 logos（逻各斯），逻辑学这个词就来源于它。他把人的本质看作是理性的动物。

理性是人之所以之为人的本性的部分。

亚里士多德

《逻辑哲学论》

维特根斯坦

因此我们人类使用语言这个事实意味着我们是理性的，并且其实是合逻辑的。

正如我们看到的，这并不是说我们总是理性的，或者我们从不犯错误。但它确实意味着，我们能够是理性的，并且在亚里士多德关于逻辑学的著作中，他试图把语言系统化，使之更加具有逻辑性，更加有效。

逻辑与科学研究

亚里士多德想要把逻辑学建成为一种科学研究的方法，一种认识事物的方法。我们所有的知识都必须根源于对这个世界上的事物——实体——的感觉经验。他说"不存在于经验中的东西，也不会存在于我们的理智之中"。然而因为我们是理性的，我们可以超越关于事物的这种知识。我们在实体之中探究它们的本质。我们能够发现事物的可理解的**非质料**的性质。

我们有能力进行抽象，得出结论，进行普遍化。

这种关于可知之物的新知识就是科学。

科学依赖于感觉经验，它同样高于感觉经验。用他在《形而上学》中的术语来说就是，感觉经验是**潜在地可知**的，真正的科学是**现实地可知**的。

令人满意的结论

科学处理的普遍之物（像属与种）是存在于个别的物体之中的非质料的事物。它们被物体的个别特征所掩盖。我们只有穿过现象的帷幕才能抵达里面的本质。对于亚里士多德来说，以这样一种知识的论述作结是一种令人满意的方式，这种知识会解决由形而上学提出的那些本体论问题。

普遍之物是在世界中的真实之物，抑或它们是心智和语言的发明？

他可以说普遍之物"狗"和"动物"确实优先于个别的狗，但是只有当它们在心灵中，作为我们对世界上的普遍的狗的理解对象时，它们才是完全现实的。

演绎推理

科学的关键任务是确立定义，然而亚里士多德认为这只能以有限的方式做到。他的基本的逻辑术语是**三段论**。在三段论中，他建立了**演绎推理**的关键原则。当我们以演绎的方式推出某物时，我们在精神上通过其他知识而非感觉经验获得了一种新的知识。结论，即新的知识，必然从旧的知识而来。

毕达哥拉斯定理就是一个好例子。

我们首先从一些自明的真理出发。我们能够清楚地看到直角三角形的本质。

欧几里得

毕达哥拉斯定理中的真知识

毕达哥拉斯定理的结论是"两个直角边边长的平方加起来等于斜边边长的平方"——这不是自明的。我们如何知道它是真知识呢？

> 我们测量上百个，甚至上千个直角三角形……

> 但是我们不需要这样做。理性单独就可以向我们表明它一定是正确的。

因为它若不正确，则它会牵涉**矛盾律**，即某物既是又**不是**同一物。

三段论或有效的演绎

亚里士多德的三段论比毕达哥拉斯定理简单许多。他认为有四个完美演绎的三段论。所有以演绎的方式得出的有效论证，都可以在它们之中被表述，可能还可以简化。每一个三段话都有两个前提和一个结论。经常出现在教科书中的最为有名的三段论是⋯⋯

前提 1：所有人都是有死的。

前提 2：苏格拉底是人。

结论：因此，苏格拉底是有死的。

我们可以在自然界找个例子来看看三段论在科学中是如何有效的。

他可以说所有阔叶的树木是每年落叶的。

葡萄树是阔叶的。

因此，葡萄树是每年落叶的。

更高层次的三段论

在第二个三段论中，亚里士多德认为他正在以逻辑和理性的方式解释或者——用他的说法——"证明"葡萄树的本性。正如我们在他的形而上学中看到的，他认为有存在之等级。从个别的实体开始，逐步上升到更普遍和更一般的种类和解释。在这种状况下，他追问每年落叶的树木为什么每年落叶。他判断是因为树木的汁液凝结在树叶的背面。

因此，"每年落叶的"意味着"汁液－凝结器"，我们在更高的层面上有了一个新的三段论。

所有的汁液－凝结器是每年落叶的。
所有的阔叶树都有汁液－凝结器。
因此，所有的阔叶树是每年落叶的。

思维的规则

亚里士多德的逻辑学想要表明两件事：第一，不同层面的存在通过**必然性**连接起来——结论不可能从另外的选项中得出来；第二，我们的理性本性可以认出这种必然性。

为了获得这个有保证的必然性，我们必须遵守一些关键的思想原则或"思维规则"。

他把这两点看作是非常重要的。不矛盾律主张，两个相互矛盾的陈述，例如"天在下雨"和"天不在下雨"只有一个是真的，另外一个必定是假的。排中律说的是它们之中至少有一个是真的。

两个规则

第一个规则说的是不可能同时既下雨又不下雨。第二个规则说的是必定是要么下雨要么不下雨——"不能两者都不是"。如果我们否认这些规则，那么我们说的每一件事，我们关于世界所下的所有断言，将会是两可的，因而是无意义的。

亚里士多德也承认如果我们否认这些规则，那么我们没办法对人们的举止做判断。

如果我说谋杀既不是正确的也不是错误的，那我就取消了谋杀这个概念，于是人们就可以爱干吗就干吗。

这些不是**语言**的规则，我们可以明确地说这样一些事情。它们也不是描述**世界**如何运行的规则。它们是关于**思维**如何工作的。

归纳

演绎并不是亚里士多德认可的唯一一种论证方式。他也讨论**归纳**论证，我们从对大量特殊案例的观察中得出一个普遍的断言。如果我看到了一百只天鹅并且它们都是白的，那么我似乎感到能够说"所有的天鹅都是白的"。

当然，这不必然是正确的，它不适用于必然性。

一旦我看到黑天鹅，我会知道它说的是假的。因此，归纳论证明显不同于演绎论证。只有当我们看了每一只天鹅，不管是已存在的还是未来存在的，我们才能使"所有的天鹅都是白的"这个断言必然是真的。

一般而言，归纳论证允许我们在已经验事物的基础上，得出一些关于我们尚未经验的事物的暂时结论，在这一点上它是很有用的，但是它们的可靠性总是成问题的。例如，可以注意到我们碰到的每一棵阔叶树都是每年落叶的。在此基础之上，我们可以得出结论说**所有的**阔叶树都是每年落叶的。但我们有可能错了，可能存在着不是每年落叶的阔叶树。只是就目前而言它是一个有用的信息。

辩证法

归纳法和演绎法合在一起被看作是论证。亚里士多德在**《论题篇》**中也描述了另一种论证方法，**辩证法**。这是在亚里士多德之前已发展的一种辩论方法。芝诺和一些前苏格拉底的哲学家引入了这个方法。柏拉图对话录中的苏格拉底将这种方法毁灭性地运用到他的对手身上。

这样一种方法似乎是一种聪明的游戏，它可以被智术师用来炫技。但是它有严肃的目的。

竞赛

有两件事对古希腊人是极为重要的。取得**共识**的言辞对抗是民主政治的基础。城邦之间的对抗在奥林匹亚举行的竞赛庆典中被仪式化了。从"agon"（"竞赛"）这个词产生了"antagonism"——"竞赛中的对抗"。

黑格尔（1770—1831年）之后使辩证法变成了存在自身的展开过程。但是对于亚里士多德来说，它的等级低于通过证据确立真理的逻辑学。

基本的命题

运用对世界的诸多观察，以演绎和归纳的方式处理它们，我们循着科学知识的等级攀登。这会向我们揭示出必然为真的东西的原因（或者亚里士多德这样想）。然而，什么在这等级的顶端？亚里士多德在这里变得极为神秘。他说存在着某些原发点或第一原则，其他的事物从它们流出来。

这些是基本命题，它们是开端，它们推动宇宙。它们不能以平常的方式被认识。

如果他的逻辑演绎的宇宙图景是正确的，那么每一个命题都是从前一个命题而来。我们踏踪前行。

"努斯"的问题

但是就最顶端的命题而言，没有什么在它们之上，因此也无法再加以解释。亚里士多德相当满意这一点。科学认识是关于原因的知识……

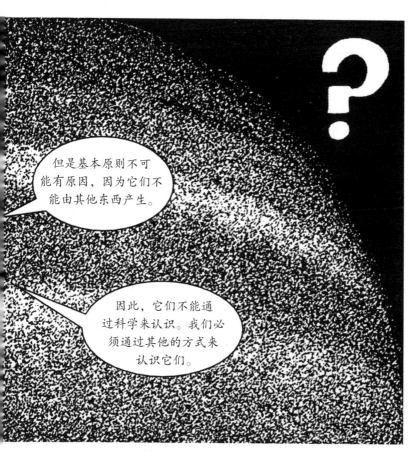

亚里士多德将这种前进着跳跃到第一原则的能力称为 nuos（努斯），"心智"、"一种思想"、"目的"或者"决心"。但是关于亚里士多德的努斯是什么，众说纷纭。一些人说这是一种直观，允许我们认识这些自明的基本原则。然而，这似乎与他如此多的著作的经验主义特性相矛盾。

存在的巨大链条

亚里士多德的知识等级的思想在中世纪的基督教神学家那里变得非常有影响。这个思想被他们转化为关于神定等级的知识。**托马斯·阿奎那**（约 1225—1274 年），一位主要的亚里士多德主义的神学家，在他的《神学大全》中描述了宇宙的"存在等级"。

存在的巨大链条由神向下通过天使和人扩展到动物、植物和所有质料元素。

物质与精神之间的连接是真实的，并且对于完全表达上帝神圣之良善和目的是必要的。人的理智在这个等级之上一环套一环被吸引着去实现其最终目的，即对上帝本身的沉思。

但丁的《神曲》（约1307年开始）把这段从地狱到天堂追寻神圣沉思的路程戏剧化了。他的伟大的神学史诗的结构受到亚里士多德、阿奎那和——有人说——伊斯兰世界的影响。

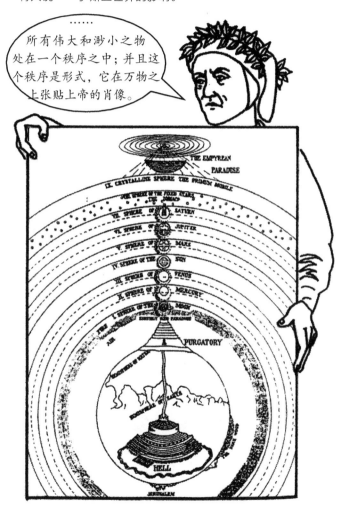

> 所有伟大和渺小之物处在一个秩序之中；并且这个秩序是形式，它在万物之上张贴上帝的肖像。

神学的生态学家今天也坚持对秩序等级和自然设计的敬畏。生态的多样性是一种神圣的安排。对动植物整个物种的随便灭除实际上是有罪的，因为上帝也在它们之中。

决定论

　　亚里士多德的方法论似乎给出一幅关于世界的决定论图像。当我们对此进行解释的时候，我们会看到世界上的每一个事物是以逻辑的方式连接在一起。以逻辑的方式连接着的事物依照必然性，因此它们是被决定的。现代哲学中有许多关于决定论的讨论。因此亚里士多德实际上说的是什么很重要。关于决定论他本人没有写过太多。

　　在一个众所周知的段落，他描述了一个人嗜好刺激的饮食……

　　他到外面去喝酒，被抢劫并死掉了。

我们可以说这个人对刺激饮食的喜爱决定了他的死亡。这在某种意义上也许是对的。

　　然而，如果有人问到他为什么死掉，回答说"因为他喜欢咖喱"，就会显得很不充分。

　　这不是对他的死亡的**解释**。也许我们需要在决定论的因果性与其通常意义上的解释之间进行一个区分。亚里士多德感兴趣的是基本上不变的普遍模式，而不是个别事件。

亚里士多德何种程度上是"经验的"？

亚里士多德的方法论何种程度上是符合现代科学的？很少，尽管两千年以来几乎每个西方人相信亚里士多德说的几乎每一件事。与其他古代思想家相比，他更倾向于经验，然而还不够。他有科学的方法论，但缺乏**实验的**方法论，各种说明或理论会通过实验被证明是正确的或错误的。在《动物的分类学》中，他说……

就可毁灭的事物——植物和动物——而言，我们被安置得很好，因为我们生活在它们之中。任何不怕麻烦的人，都可以掌握所有存在的东西的许多知识。

这种见解是科学的，但实际上他没有认识到，需要根据经验观察来直接检测理论。

例如，《动物志》包含大量的关于动物的信息，但对我们来说它似乎是混乱和充满逸闻的——有时候甚至是幻想的。他有时是严格的，正如他说的……

假设与误解

　　另一个问题产生自亚里士多德假设的方式。在当时的雅典这些可能是常识，但却是没有根据的。例如，他假设右比左好，上比下好，前比后好，并且试图将这个原则运用到宇宙中。因而，月亮下面的"月下"世界自然不如月亮的上面。他也考虑过这种可能性，月球上存在着依靠火而生存的动物。

因为在地球上，存在着以物质的其他三种元素——土、气和水——为生的动物。

……

因此根据逻辑的推理在月球上存在着以第四种元素——火——为生的动物。

他毫无疑问地假设男人在所有方面都优越于女人，并运用这种假设形成了他的生育理论的基础。

亚里士多德的科学

最终，任何科学的方法论在试图将因果的决定论解释与目的论解释结合起来的时候，必定是混乱的。我们可以将亚里士多德的科学著作划分为物理学、宇宙论、气象学、生物学和心理学，然而这种区分经常不起作用。

无论如何，这种"知识"只是试探。我们没有理由设想亚里士多德把同一的论题分类纳入他颇为广泛的主要研究题材之下，就像今天的惯例那样。

位置与运动

芝诺认为我们关于世界的任何知识都是虚假的，并用他的悖论支持他的论证。这些悖论似乎证明了时间和运动不可能存在。它们对于亚里士多德是一个巨大的挑战。为反驳它们，亚里士多德必须证明空间是无限可分的。

宇宙论

宇宙是有限的，因为它包含的事物彼此之间具有"自然"相关的运动和位置。如果没有"自然的"界限，这将是不可能的。事物具有轻与重的性质（亚里士多德认为它们是相当的概念，轻不是重的缺乏），并且这些性质决定了事物的自然的位置。

事物的运动将是简单的，并且许多都将有一个自然的目的。自然的目的对于存在的事物来说将是其自然位置。月亮之上有一个完美的区域，在这里事物进行永恒的圆周运动。这种运动是永恒的，因此也从不停止，但是事物画出的圆周是自身限定的。

这是一个精致的理论，难怪被相信了这么长时间——将近两千年。它的证据是明显的。重的事物总是掉到下面。

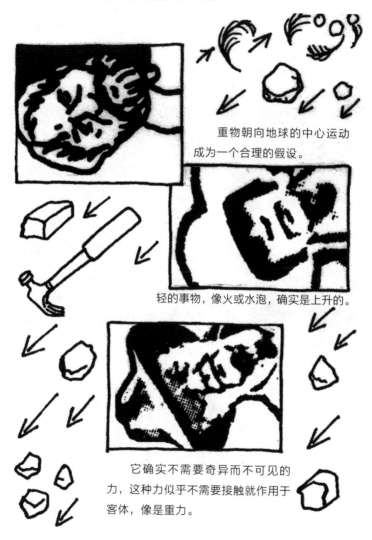

重物朝向地球的中心运动成为一个合理的假设。

轻的事物，像火或水泡，确实是上升的。

它确实不需要奇异而不可见的力，这种力似乎不需要接触就作用于客体，像是重力。

这正好与他的人生规划是一致的。它是有着简单过程的简单理论，解释了广泛的现象，与常识也相符。

不正确的力学

    亚里士多德关于力学的观点乍一看同样是科学的，与常识相符，其实却是错误的。比如，物体行进的速度与它的重量成正比。物体越重，就运动得越快。从高处落下两个球，一个的重量是另一个的一半，重球着地的时间是轻球的一半。

    差不多两千年之后，伽利略检验了这一观点，发现它是错误的。

宇宙

亚里士多德认为宇宙是一系列同心的区域。那些在外围的同心区域包含各种天体，由以太构成，与土、气、火和水一样是元素，但不能改变和毁灭。

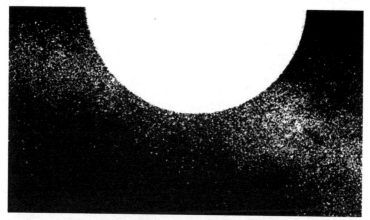

在月球之下没有以太，同样没有容易腐化和变形的元素。

大气是由两个层次构成的：里面的大气区域和外面的区域，后者虽然不是火，但非常易燃。

亚里士多德认为，我们所知的来自太阳的热量，实际上来自太阳穿过的这片像火的区域。

奇怪的混同

　　亚里士多德在《气候学》中处理了许多宇宙中的事物，包括北极光、彗星、银河系、雨、云、露和冰霜、雪、冰雹、风、江河、泉、气候、海岸线变化、海洋从哪里而来及为什么它是咸的，还有一些与风、地震、火山、雷电、风暴、晕和彩虹相关的现象。

他的大多数观点和解释是错误的，一些似乎缺乏观察的根据。然而，有时候他又差不多搞对了。他对海洋的解释就是这样。

亚里士多德当时偏爱这一观点，并说盐是通过雨水从云层中落下的一种剩余物，还说他已经观察到海水因此变得越来越咸。我们要记得，亚里士多德不可能超越古代世界，他那个时代主导的文化力量是神话。亚里士多德的科学是崭新的和激进的，它不可能是完美的。他犯了许多错误，而他的主要错误——以倾向于他的理论的方式解释观察的材料——是其主要的缺陷。

心理学

"灵魂"的希腊语是"psuche"（psyche），我们的"心理学"这个词就是从它而来的。在现代意义上来理解"灵魂"这个词会是错的。亚里士多德把它理解为所有生物内在的本质和生命力——灵魂使生物生长，给予它们形状。灵魂是纯粹的形式，身体是质料。

他没有直接表述过有关心理学与哲学之间界限的一些关键问题。

如意识是物质的还是非物质的现象这样的问题。

他也没有讨论自由意志与决定论的问题（当我们行动和做决定的时候，我们是自由地选择，或者我们是某种生物机器人，根据物质的和周边环境的驱动和强制而被驱使去行动的机器？）。尽管如此，我们可以从他说过的东西中推断出他的回应可能是什么样的。

意识：历史的产物

　　我们把意识和自由问题当作中心问题，并且猜想它们一直处于核心。但它实际上可能是近百年西方的文化和思想发展的结果。18世纪启蒙运动促成的社会和政治转型，不仅催生了西方的政治体制和文化，而且由此诞生了一种关于人之为人的新的理解。这是一幅有关人性的图像，强调个体是一个自由的有意识的存在。

亚里士多德和其他古人以不同的方式解决这个问题。

心灵与身体

　　作为一个注重观察并且把解释存在着的物质作为科学任务的人，我们对亚里士多德的期待没有落空，他的心理学是他的物理学的扩展，他的解释运用的是物理学的术语。对于亚里士多德来说，灵魂是身体的"原则"，它赋予身体自主运动的力量和自身导向的成长。最终，他给出的图像同时是决定论的和自发性的。

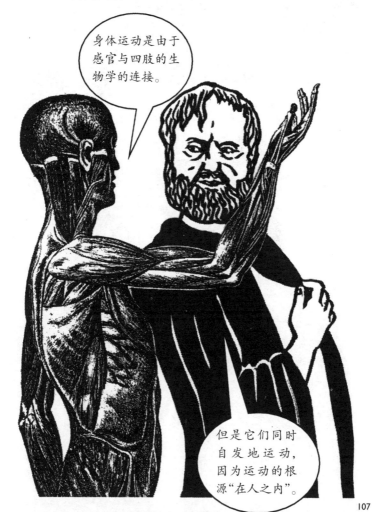

身体运动是由于感官与四肢的生物学的连接。

但是它们同时自发地运动，因为运动的根源"在人之内"。

灵魂的能力

以可预见的目的论的方式，他根据灵魂的能力来处理灵魂。灵魂就是它所能做的。同样，身体的感官本质上也是它们所能做的。他以眼睛作为例子，视觉是眼睛的"灵魂"。人的灵魂是人的能力之总和。

与动物和植物一样，我们也具有"营养的"能力。

我们还与动物一同分有了感知和运动的能力——这两者是必然连接在一起的。

他确认了五种感官，认为它们具有的特殊能力是从世界上的事物中抽象出它们的形式，而撇下质料。

亚里士多德给予我们的这个感知过程的图像，就像是金属环或印章印到软蜡上而留下的印记。世界上的事物在我们的感官中留下印象。

大脑

　　有人会问大脑适于干什么。他的回答是现在的我们无法接受的——大脑没什么用。亚里士多德认为大脑是一个极无用、灰白而冷的团块。

大脑最可能的用途是冷却已经变得过热的血液。

　　亚里士多德认为人最关键的器官是心脏。他把心脏看作是主要的感觉器官——所有其他的器官都向它发送信息——一种心灵的清理室和分拣室。恰恰在这里，感知、记忆和动机出现了。有趣的是，当埃及人为了净化而将身体保存下来时，他们也不需要大脑：大脑被扔掉，而心脏被保存。

感觉的对象

感官的特殊对象有三种。首先是每一个感官的特殊对象。

如颜色之于眼睛，声音之于耳朵。

第二种是由某些感官或所有感官一起把握的对象。

如运动或形状。

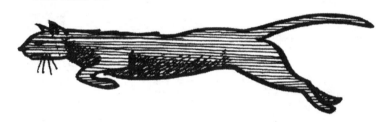

第三种，我们的感官能把握一些特殊的感觉，并从中推论出某些特殊的知识。

例如，我们在黑暗中听到一个声音，并认出它是一个朋友的声音。

在最后这种情况下，我们依据**想象**来行动。但想象又是来自哪里呢？

想象和记忆

想象是"在现实感知的基础上发生的一种活动"。它是把感知的图像放到心中（或者可以说心灵中），保存的图像当然就是记忆。

例如，在高烧中，疾病导致的心理崩溃会抛出一些杂乱无序、毫无意义的图像。

向普遍之物的转化

我们与动物有一些共同性，那么，把我们与动物区别开来的是什么呢？当然是理性，在亚里士多德的著作中，理性能力似乎是另一种——"第七"——感官。通常的感官处理的是具体和个别之物。

感官从实体那里分离出形式，但是把它当成是一种特殊的形式——就是那儿的那个。

理性允许人抽象出形式并把它转化为普遍之物。

理性为个体的感觉提供和构造了背景。它是一种直觉的能力，相当神秘。

主动和被动的理性

《论灵魂》中处理这种神秘的"直观能力"的段落很令人费解，就此有无数个解释。关于亚里士多德的意思，众说纷纭。说存在主动的和被动的理性，似乎是一种合理的解释。

它在已分类和组织的感觉对象的基础上建立了一种理性的等级，亚里士多德认为它可以上达至高存在，下达沉思自身的纯粹理性。

亚里士多德在这里几乎称得上是虔诚的。有解释说，他认为在我们所有人之中存在着神圣之物，并且认为当个别的自我意识是有限的的时候，我们之中的积极理性不是有限的，而是不朽的。有这种想法的并非他一人。**伯特兰·罗素**（1872—1970 年）以这种思想结束了他的《哲学问题》一书……

> 由于哲学沉思的宇宙之伟大，心灵也被认为是伟大的，并且能够与宇宙联合——这个宇宙构成了心灵的最高的善。

伦理学

亚里士多德的伦理学可以在两部论著中找到，即《尼各马可伦理学》和《欧德谟伦理学》。就像其他著作一样，这些文本有些混乱，有许多跑题处，但是里面确有连贯的伦理学理论。德性伦理学，有时也被称为"aretaic"（这个词在古希腊语中用来表示德性）伦理学，构成了主导其道德哲学的三大伦理理论之一。另外两个是效果论和义务论。

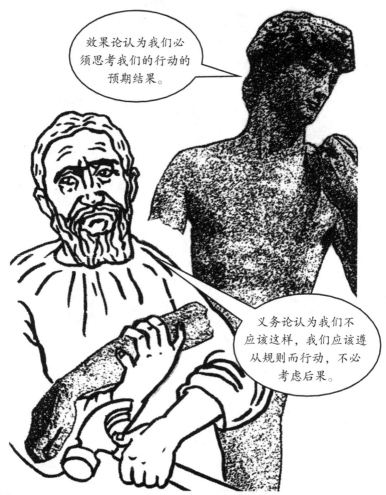

效果论认为我们必须思考我们的行动的预期结果。

义务论认为我们不应该这样，我们应该遵从规则而行动，不必考虑后果。

幸福的生活

　　亚里士多德关于伦理学的讲演是针对年轻人的，它回应了以下问题：
"人如何才能过上一种幸福的生活？"。这并不意味着他们应该做些什么，
以保证他们的生活带有成功的标志，比方说金钱、权力和公众的尊重。这
些对于成功的生活来说也许是必要的，但它们并不就是成功的生活。

问题毋宁是如
何享受生活并尽
可能享受。

　　由他的目的论的伦理学必然有这样的答案，即如果完全按照人的**目的**
和**功能**生活，生活就会幸福。要做到这一点，就必须有理性和有德性地生
活，这让亚里士多德关于这些主题的著作成了道德哲学的论著，而不是在
机场书店里的那种心理自助书。

幸福

这种"生活计划"被翻译成英文时，听起来相当生硬和不自然。一种"满足的、充实的和幸福的生活，还需加上宁静和许多的活动"，是对"生活计划"的总结。

然而，希腊人有一个词——"eudaimonia"——来描述这种可欲的生活。"eudaimonia"在古希腊语中来源于eu（好的，对的）和daimon（"精灵"或者内在的精神）。如何实现这种生活是一个主要的争论主题。

幸福是名誉和公众的认可吗？亚里士多德确实认为受他人尊重和自我尊重是重要的，但这些不是终极目的。无论如何，正像他敏锐地指出的……

公共荣誉告诉我们的更多的是关于给出它的人的情况，而不是获得它的人的情况。

幸福也可能是一种快乐的生活，并且他坚持这一点。他把快乐看成是一个好东西而不是善。

快乐是一种善吗？

　　亚里士多德指出，有权势的人似乎常常投身于快乐，也许仅仅因为他们能够这样做。这树立了坏的榜样，其他人试图摹仿他们。但这是只适合于动物和小孩的生活。

　　对于他来说，快乐是使行动**变得圆满**。当我们沉浸于某些有用的和生产性的工作之中的时候，会忘我，特别是在我们干得好的时候。我们不会注意到时间的流逝。这对亚里士多德来说是真正的快乐。

沉思是幸福

实际上，他认为"圆满的"幸福只能在智性的沉思中找到。投入对自然宇宙的研究，并且对自然宇宙充满惊奇，这样的生活是人最良好的活动。"智慧"的希腊文写作 sophia，因此哲学—— phio（爱）sophia 或者 philosophy（爱智慧）——是最高的理智德性，是科学知识与直观的结合。

至高的存在完全是由理性构成的，永远沉思自身。

至高的存在是不动的推动者，它能改变其他的东西而自己不变化。

我们人在自身之中分了一点至高的存在——我们的理智。

因此，当我们沉思不变的宇宙时，我们要多神圣就有多神圣。

这种沉思像祈祷。"如果理智与人相比是神圣的，理智的生活与人的生活相比也应该是神圣的。"另外，"我们应该——就像在我们之中的本性那样——变得永恒，做我们所能做的，过上与我们自身中的至高者一致的生活"。

情感对理性的影响

显然，对我们和亚里士多德来说，只有极少的人能够过上一种沉思的生活——首先是对于那些足够富裕的人——但它仍然是一件奇怪的事情。然而，关于幸福，亚里士多德还有其他要说的，这给予他的伦理学以力量和持续的影响。

灵魂由理性的部分和非理性的部分构成。灵魂的非理性的主要部分是情感——比如爱、怕、同情和高兴。这些情感对我们的行为有很大的影响，常常把我们引入困境。因此，我们要能够控制自己的情感。

如果我们能在恰当的时间以恰当的方式感受到恰当的情感，那么我们会一贯地行动好，会过上一种成功的生活。

然而，情感很难控制。即便我们知道某种情感是不合适的和破坏性的，我们也不能停止感受这种情感。

灵魂的德性

亚里士多德的建议是我们应该使情感与特殊情况下要做的正确的事情一致，以至于我们欲求去做正确的事情。"正确的"的意思是理性的。如果一个人面对很大的诱惑并且屈服了，而去做了邪恶的事情——也许是偷盗，长远来看他是不可能幸福和满足的。

警察会持续地追查他，他也一定会担心不诚实之处将暴露。

另一方面，如果他抵挡住了诱惑，费了很大劲儿也没能保持内心的平静。生活就像与诱惑的持续斗争，这一点儿不好玩。

只有当他一开始就没有被诱惑，或者他能够轻易地抵制诱惑，他才会是满足的和幸福的。

我们会崇拜克服了巨大诱惑的人，但我们宁愿成为完全不被诱惑的人。这就是亚里士多德建议的至善状态。它是人的"灵魂的有德性的活动"。

中道的学说

亚里士多德认为控制情感的唯一现实的方式，是通过实践和习惯驯服情感，使自己习惯于以合适的方式感受情感。道德论证不起作用。亚里士多德并不是说我们应该把自己训练得毫无情感。情感是人正常和自然的一部分。训练就是发展他称为"道德德性"的这种东西。"德性"会带来一种很传统的感受，它经常被描述为品格的卓越。

最好把它理解为一种感受情感的固定方式，在任何给定的情况下都能使我们感受到合适的情感，并且是以适当的程度。

我们应该做正确的事情。

太强烈或者太微弱的情感，都是错误的。它们都是恶。例如，勇敢是我们用来对付害怕的道德德性。然而，我们不想消除害怕，因为它经常是有用的，甚至是幸存的关键。技巧就是要以正确的强度感受它。

如果我们过分勇敢，便是鲁莽了。

如果我们不够勇敢，就会因感到太多的害怕而变得懦弱。

鲁莽和懦弱都是恶。如果我们倾向于任何一个，我们都不能够过一种稳定而满足的生活。这就是亚里士多德著名的中道学说——"中道"或者"切勿过度"。

慷慨与均衡

每种德性都是在两种恶——过度与不足——之间的中道，或者均衡。慷慨是将我们结合在一起的重要德性。没有它，生活将变得暗淡。显然一个人有可能不够慷慨，这样的人会有吝啬的恶习，但也有可能过度慷慨。

富有的人**应该**比穷人给予更多。另外，一些人比另一些人更应该慷慨。虽然有些残忍，但显而易见的是，一个强壮的正当年的人应该比已过盛年的人更加勇敢。

国家的角色

　　所有这些德性要求的训练是很难满足的，但不是不可能。年轻人必须尽早开始，他们需要年长者、他们的家庭和国家的引导。国家负有特殊的责任，使人在习惯中养成德性——可以通过法律的形式。

　　例如，强制自己对他人慷慨，并在应该对谁慷慨和如何慷慨这方面从年长者那里接受引导，年轻人终究会把自己变成慷慨的人。青年人的叛逆似乎不是亚里士多德伦理学考虑的一个因素。

好的建议

这是亚里士多德道德地图的基础。要幸福，我们就需要有德性，需要成为有优良品质的人。要做到这一点，我们必须进行训练，使我们自己养成面对情感的特殊品性，持守过度与不足之间的中道。然而这就够了吗？我们如何**确定**我们做的是正确的事情？亚里士多德有一些实际的建议。关于过度与不足这两种恶，一般而言一个比另一个更糟糕。

类似的，懦弱比鲁莽更糟糕。我们需要特别提防这种恶。

我们必须坦承自己的缺陷与坏的习性，并"把我们自己拽向相反的方向"。最后，要提防快乐，因为它会干扰我们的判断。要发展和运用实践智慧或明智这种德性。这种德性是实践的、粗略的、准备做判断和决定的技能。它能帮我们找出无论是短期还是长期都最好的状态。

这种总是适度的常识似乎相当令人厌烦，但是对有德性和幸福的生活来说是很关键的。聪明人在日常生活的实践方面可能很糟糕。

没有实践智慧，我们就不能获得任何理智德性或者道德德性。它是有德性的生活与成为好公民的前提。

今天的德性伦理学

许多现代的哲学家认为"德性理论"——正如它在今天的称谓——是思考伦理学问题的最好方式。

另一些哲学家，特别是女性主义者，否认伦理学能够被勉强归于一种理论"体系"，像是效果论和义务论。

政治学

亚里士多德有时在政治上是不正确的。奴隶和女人在政治共同体中没有地位。奴隶并不拥有积极主动的角色所需要的理智，而女人尽管有理性，却无权威。并非唯独他持有此观点——确实，在他那个时代有不一样的想法与异端没什么两样。

人与国家之间的相互责任以及相互尊重的社群主义原则最终都可以追溯到他的著作中。

政治学与伦理学

亚里士多德的政治学源自他的伦理学。它们是同一个问题的不同方面。人如何活出最好的自己？他们如何实现自身？

今天在道德上的问题刚好相反。人应该如何行动，以实现共同体的义务？

人本质上是社会性的，只有在共同体中才能成为真正的人。

有德性而理性的生活只能是指与他人一起生活得好。

我们有不可避免的义务，参与共同体的生活，为它的决定承担责任。但是共同体没有它自己的生命。它的存在是为了实现每个人的目的，而不是它自己的目的。亚里士多德的著作没有影射极权主义。国家权力有其界限，一旦越过，它就不再服务于它的公民。

作为政治经济学的家庭事务

亚里士多德政治学的柱石是传统的希腊城邦或 polis。政治学来自 polis，自由公民的古希腊语是 polites。另一个广泛使用的词是"经济"（economy），它来源于古希腊语"oikonomia"，意指 oikos（家庭）和 nomos（法律，惯例，管理）。我们"政治经济学"的悠久传统原初是一项"公民的家庭事务"。但在古希腊它是社会生活的基本单位。

古希腊人普遍相信存在社会组织的"自然的"形式。

这是自然的，因为社会组织是从人的关系的最原初和最基本的形式——家庭发展而来。

家庭由父母与子女、丈夫与妻子、主人和奴隶的连锁关系构成。

父母的关系满足了**生育**的需要；主奴关系是为了食物、居所及其他生活必需品的生产。

城邦的目的

因此，尽管"政治经济学"的起源是家庭这个单位，但它们还不足以满足所有需要。需要许多人协作努力去建造灌溉系统，防御敌人，等等。村庄是进一步的发展。满足更大需求的最终形态是城邦本身。这里有效的原则是 autarky（auto "自身"，arkeo "满足"）或自足的。

当人类社会的新形态达到独立的阶段，再不需要外在帮助的时候，它就实现了自己的目的。

在这里，我们再次看到作为目的论者的生物学家亚里士多德。人类社会有一个目的，就是满足缺乏自足性的人的需求。当所有这些需求得到满足之后，社会就处于它的最发达的阶段，并应该保持这样。

社会关系首先存在，这样人可以生存下来，但社会关系会发展和变化，这样人才可以生活得好。

对于亚里士多德来说，实践智慧在日常生活中的练习对于幸福是至关重要的，并且国家的任务就是让人去实践。人的最好的生活包含实践智慧，实践智慧也应该被用来促进公共的善。

奴隶制的经济学

　　某种民主制确实在一些希腊城邦运作，特别是在雅典这一区域，并且迄今被怀想为欧洲文明的政治理想。但是民主制与奴隶制如何共存？这似乎是难以接受的矛盾。美利坚合众国的建立者——**华盛顿、杰弗逊**和其他一些有奴隶的贵族地主并不认为这是完全不相容的。

　　奴隶制对于所有的古代文明是十分重要的，比如巴比伦、古埃及等，它们先于古希腊和古罗马，并且在它们之后还存在了很长时间。

繁重的生产活动，比如采矿，对于奴隶来说是残忍而致命的。但是奴隶制比我们想象的更加复杂。

　　奴隶制不仅在道德上是错误的，而且**卡尔·马克思**和其他的经济学家认为它是毫无效率的。依赖这种制度的那些文明毁灭和瓦解了。亚里士多德对奴隶制的辩解不比另外那些为古人所熟知的辩解更好。他争辩说奴隶需要主人的"实践智慧"，这是奴隶们缺乏的。有趣之处在于，亚里士多德承认需要捍卫奴隶制——这表明如果奴隶制不容争辩地是"自然的"，它就不需要捍卫。用来证明那不合理的权力之合理性的思想，被称为**意识形态**或者**错误的观念**。

什么是最好的政制?

哪种城邦会最好地满足其公民的需要呢？什么是最好的政制？以典型实用和经验的方式，亚里士多德通过考察许多城邦的政制来回答这个问题。他的结论不是民主制。

与柏拉图一样，他对民众有一种恐惧，轻视"迎合"大众的政客。

我们必须记住，亚里士多德（或者柏拉图，或者任何希腊思想家）对最好的城邦政制的寻求，不仅仅是一个理论上的要求，而且是一个现实紧迫的问题。地中海的不同城邦是高度竞争的，经常爆发战争，"最好的"政制这个问题通过一方压倒所有其他各方而得到解决。每种政治差异都可以在这些城邦的实践中找到，我们今天使用的许多政治学的术语都起源于这些实践。

僭主制（Tyranny）：来源于 tyrannos（不受法律约束的绝对君主）。

君主制(Monarchy)：来源于 monos（单独的）和 arkho（进行统治）。

无政府（Anarchy）：来源于 an（不，无）和 arkhia（统治）。

贵族制（Aristocracy）：来源于 aristos（最好的）和 kratia（权力，统治）。

民主制（Democracy）：来源于 demos（民众）和 kratia（权力，统治）。

寡头制（Ollgarchy）：来源于 oligoi（少数的）和 arkho（进行统治）。

财阀制（Plutocracy）：来源于 ploutos（财富，富人）和 kratia（权力，统治）……

最后，是亚历山大的帝国在世界—— cosmopolitan, cosmos（"世界"），polites（"公民"）——范围内战胜了希腊诸城邦，直到它被另一个原来也是城邦的罗马毁灭。

一个人或少数人的统治

　　君主制是一个理想的解决方式——但前提为君主是仁慈的并且具有做出良好判断的无上能力。亚里士多德认为这类君主是极少的或还从来没有过。

君王进行统治，肯定是为了增进他们自己的好处。

贵族制可行，但少数的统治者总是不可靠……

他们可能变成寡头，做出的决策也是为了服务他们自己的目的，而不是整个共同体的。

中间阶层的统治

亚里士多德的结论是，政府最好的且实际的形式是一个宪政的共和国，在这个国家里权力由人民和少数精英共享。过于精确的政制安排没有什么用，每个城邦的情况都不相同。

但是对于共同体的福利，至为关键的是在政治运作中给予强大而牢靠的中间阶层以影响力和永久地位。

亚里士多德的"中间阶层"指的是什么？当然不是资本主义意义上的中产阶级。他是一个中等规模的土地的所有者，常常是奴隶主，他享有经济上的宽裕，进行建设性的思考。不包括手艺人和商人，这些人通常是外邦人，也就是像亚里士多德自己一样，是从其他城邦移民过来的没有完全公民身份的人。他依然念兹在兹的是"中道"，指望过分富裕与经济依赖之间的中间阶层。

教育的政治学

亚里士多德的《政治学》以未完成的教育概述作结。教育在造就城邦的好公民方面的重要性，已经是前苏格拉底思想家的核心，亚里士多德的观点似乎毫无新颖之处。他就像在《伦理学》中一样再次强调"好习性"。良好法律的要点就是"通过使公民习惯于做好人来造就好公民"。亚里士多德的目标是产生公民统治者。他意指的是什么呢？

我指的是，某种人既能统治又能被统治（archein and archesthai）。

这与我在《法律篇》中所说的很像。

亚里士多德认同柏拉图关于国家在婚姻方面的规定的观点，即婚姻就是要抚育幼儿和教导儿童。但是二者的观点又有重要的区别。

亚里士多德的理想是各方面都很优异的人——有能力，有德性，庄严而又谦恭，宽大而又开明，还要勇敢，正义，自制。他认为通过训练和实践可以造就"好公民"。柏拉图认为单靠教育不够。他设计了一套由监察委员会来执行核查、控制和审查的制度，监督公民的行为。

　　这就是区别：亚里士多德规划了一个理想的国家，它能够提供那种他**恰恰**想要的生活；柏拉图为其他的"普通"人，而非他自己进行设计。

政治学、教育和艺术

亚里士多德的教育政治学令他在思考公民统治者时会考虑到音乐、艺术和文学的价值。这里他又完全不同于柏拉图。亚里士多德的观点是，艺术的非实用性适合于摆脱了专业活动的进行统治的公民阶层。

在每件事情上追求实用性，对于这些自由的且其心灵已被带到最高水平的人来说不合适。

研究艺术对性格的养成有好处，也能够放松心灵。但是这给他带来一个问题——恰恰是柏拉图面对和解决的那个问题，但是他解决的方式是有着更开明观点的亚里士多德所不能接受的。

困扰着柏拉图、亚里士多德和其他思想家的，是怎样的艺术问题呢？它今天对于我们似乎是奇怪的。擅长某件事——比如吹笛子或绘画或写作——要求对那种技艺不断地练习。

它变成了一个专业，一宗买卖，在这个意义上与制作一双鞋没什么不同。

这就是问题。你变成了一宗买卖的奴隶，因而变得不自由……

各种技艺的专家不是真正的"公民"，而是手艺人或商人这样的下等阶层群体。历史学家**普鲁塔克**（约 46—120 年）为精英辩护，他说："我们敬重艺术，却鄙视艺术家。"因而，一个自由公民怎样从艺术中受益，而又不被专业主义所沾染呢？在我们谈到亚里士多德的答案之前，让我们检查一下柏拉图对艺术的谴责。

柏拉图对艺术的谴责

已经说过，柏拉图对艺术的评价如此之高，最后发展为把它从理想共和国里放逐了。柏拉图有两个理由把艺术从他的理想国里剥离出来。

诗人和艺术家不仅"说谎"，艺术不仅是手艺人的坏习性，而且更糟糕的是，它还燃起了欲望和激情，它们妨碍了我们成为冷静、理智的观察者，而这是举止良好的公民必备的。

亚里士多德的诗学

 亚里士多德对此的回答是怎样的？他在《诗学》中的回答令人吃惊地相当现代。他是第一个询问"什么是艺术？"的人，并以科学公正的态度来回答——这奠定了西方美学的基础，直到今天还有效。古希腊的有些词语对我们理解他的艺术理论很关键……

1.techne：技艺

> 人们经常说，希腊人没有"艺术"这个词，只有"techne"，它指的是任何的技术，如制鞋和木工活儿，还有音乐、绘画和诗歌。

> 但是我们当今的"art"这个词也没有多好。只有加上"精巧的"这类形容词，才能把雕塑、绘画与烹饪或摩托车保养技术区别开来。

 "techne"不仅是"技艺"，并且也是心灵手巧，获得事物的手段或一系列的规矩，非常像撒克逊语的词根"wise"——意指"机智的"。

技艺和摹仿

亚里士多德认为技艺，就是心灵手巧，这是一个关于艺术家的思考的问题，这种思考是审慎的、理智的，并且根据可观察到的规则构造对象。历史上第一次，艺术被准许是自立的，之前艺术从未被认作是有自己的逻辑的活动。

2.mimesis: 摹仿

> 我认为艺术一种摹仿——但不仅仅是对假象的摹仿。

摹仿依靠思索，依靠语言源泉或其他的手段**重造**经验。艺术因此是一种对我们关于事物的感性现象之回忆的**再现**。

3.poiesis："赋形"，因此是"制作"（poetry），很好地传达了艺术之所为的含义。艺术家以再现的方式给予材料一种总体上与材料差异颇大的形式。**梵·高**（1853—1890 年）画的那些鞋是由颜料和画布构成的，不是对由"真实的"皮革构成的那些鞋的"真实的"摹仿。亚里士多德赋予艺术品以特殊性，使艺术品必定不混同于单纯"摹仿"**已经有**形式的事物——这一点与柏拉图相似。

不了解雌鹿没有角就去胡乱地画，没有比这更不严肃的事儿了。

对于亚里士多德来说，问题在于欣赏艺术，而不是摹仿的精确性。但是词语摹仿再现的是什么呢？他说，制作摹仿了"行动中的人"和各种心灵状态。

比历史更高级

　　"制作"在亚里士多德那里是一个一般的术语，指的是戏剧、史诗及其他类的虚构作品。他说："……诗人的作用不是叙述已发生的事情，而是可能发生的事情——根据可能的或必然的规律有可能的事情。"他把历史与制作相比，得到了令人奇怪的——甚至于震惊的——结论。

　　可靠地书写可能发生的事情，指的是诗人理解必然发生的事情的普遍规律。这比任何对已发生事情的记录更高级。亚里士多德赋予虚构一种预测未来的力量。

悲剧和陶冶

亚里士多德似乎不仅是第一个定义"真正的艺术是什么"的人,而且还首次明确了它的作用。对于他来说,悲剧的真正功能(ergon,字面义是"作品")是引起"同情和恐怖",同时促进情感的陶冶和净化。

4.katharsis,purgation:陶冶,净化

亚里士多德记得他的医学训练……

悲剧是一种顺势疗法——以性质上类似的而不是同一的情感来治疗情感。

这就是他的回答——他的"药物治疗"针对的是柏拉图的担忧,即制作燃起了不必要的激情,毁灭了我们,因此应该被禁止。这个答案同时回答了"艺术的作用是什么?"这个问题。公民从艺术中受益匪浅,他们对于艺术**再现**什么有了客观、自由而有批判性的判断。

155

亚里士多德的三一律

亚里士多德对悲剧的描述表明，事件应该通过一个故事统一起来。这作为"行为的统一"而闻名。一个意大利的理论家，**鲁多维科·卡斯特尔维特罗**（Lodovico Castelvetro，1505—1571 年），把这个原则解释为"亚里士多德的原则"体系，它要求行为、时间和地点的统一。

> 一出戏剧应该有一个情节，发生在一个地方和一天的某个区间。

> 一个单一的空间指的是一个房间、一座房，还是一个镇？

> 一天指的是 12 个小时或 24 个小时？

尽管有这样的混乱，这些严格的原则在法国被古典悲剧作家**皮埃尔·高乃依**（1606—1684 年）和**让·拉辛**接受，并创作了很有影响力的作品。

亚里士多德没有制定任何的规则。他的目标是描述，而不是规定。然而，他的悲剧经验局限于这样一些戏剧，在其中"同情和恐惧"是由地位高于我们自己的人物的不幸激发的，像伟大的国王阿伽门农和俄狄浦斯，或者是王子俄瑞斯忒斯。

他们的没落不是通过恶发生的，而是某个伟大的错误或性格的弱点……

那么奥赛罗的嫉妒、麦克白的野心又如何呢？它们是恶、错误，还是缺陷？

莎士比亚没有遵守"古典规则"。没有遵守这个规则的还有像**阿瑟·米勒**的《推销员之死》（1947年）这样的现代悲剧。在这个悲剧中，主角威利·洛曼的错误是对美国梦的天真信仰。

修辞学的用处

修辞术现在简单地被当成不严肃或者夸夸其谈。但是对于亚里士多德和其他的古希腊思想家来说,它是一种重要的技艺——在政治、法律和其他争论形式中的**说服**技能和艺术。言说的技能非常重要。

亚里士多德对修辞术持一种更加宽容和系统的看法。对于他来说,修辞术是逻辑学的分支和辩证法的对立面。

辩证法处理必然的和永远为真的事情；修辞术处理的是可能的事情——一种与诗学相关的"可能性逻辑"。修辞术是解决问题的可靠方法，在法律、政治等"多半正确"的事务领域中得出结论。

马歇尔·麦克卢汉（1911—1980年）在他对广告和大众媒体的研究中，预言了后现代主义者的"解构"策略。例如，**朱莉娅·克里斯蒂娃**（1941— ）和**雅克·德里达**（1930—2014年）的理论都曾借助由亚里士多德勾画出来的符号学。

亚里士多德的遗产

亚里士多德的思想在公元 529 年之前，在雅典以一种或另一种形式被教授，那一年基督教拜占庭的罗马皇帝查士丁尼关闭了所有的学园。亚里士多德去世后不久，吕克昂学园吸引了超过 2000 名的学生，非常有影响。在公元前 3 世纪，其他重要的哲学学派补充和发展了亚里士多德的观点，譬如，伊壁鸠鲁学派、斯多葛学派和怀疑主义。

随着学园被强制关闭，我们穿过爱琴海逃走……

并且继续在波斯、亚美尼亚和叙利亚传授亚里士多德的学说。

在 9 世纪中期他的思想和著作被吸收入阿拉伯思想。

对亚里士多德思想的研究也在拜占庭的东罗马帝国继续。

亚里士多德和伊斯兰科学

因果性、智性知识的结构和合逻辑性这些亚里士多德学说的特征，给阿拉伯的科学家留下了深刻的印象。在希腊问题中运用的逻辑学也可以运用到由伊斯兰传统启迪的新问题。falsafah（阿拉伯文中的"哲学"一词）的理性主义理想包含依据统治宇宙的规律而理性生活的目标。

在欧洲之前

fayllasufs（哲学家）通过逻辑和洞察力来认识真理。普通人只能通过象征接近真理。因此，科学能够繁荣——这是对神所创造的世界的理性探索。在中世纪早期的西欧，这样的活动不会发生，因为它与经文相冲突。但是在同时代的阿拉伯东部地区，这样的冲突是不存在的。

在公元 1 世纪的漫长时期中，亚里士多德的著作在欧洲差不多湮没无闻了。这一切在 12 世纪发生了改变，当时阿拉伯的学者带着他的著作到了摩尔人的西班牙。

阿拉伯学者**阿维森纳**（980—1037 年）和**阿维罗伊**（约 1126—1198 年）对亚里士多德的注解非常有影响。亚里士多德的著作刚被翻译成拉丁文，就得到了广泛的研究。

由于这种奇怪的命运的转折，欧洲的科学进步起源于阿拉伯的亚里士多德主义，并且就像我们会看到的，恰恰是这种 17 世纪的"科学精神"转而反对亚里士多德。

大阿尔伯特和托马斯·阿奎那

　　亚里士多德思想与基督教之间的关系含糊却很重要。他当然是异教徒，因此最开始教会是反对他的哲学的。确实，在 1210 年，任何研究他的自然哲学的人都受到被逐出教会的威胁。然而，对他的著作的研究还在继续，特别是十字军在君士坦丁堡发现了他的古希腊文著作的手稿之后。这些手稿可以直接翻译成拉丁文。多明我会的神父**大阿尔伯特**（约公元 1200—1280 年）运用亚里士多德的方法和著作去解释他的自然世界。

　　在这方面阿奎那是成功的，尽管教会里面有许多的质疑，亚里士多德数世纪以来仍然是哲学、科学和精神生活的主导人物。

亚里士多德主义的衰落

这样一种统治地位曾经是一件坏事。那些看起来超出亚里士多德之外的思考和科学研究受到阻碍，现在许多人将这个时期的哲学——通常作为经院主义而闻名——与独断主义联系起来，它抵制新思想。**克雷蒙尼尼**（Cesare Cremonini，1550—1631年），一个帕多瓦大学的亚里士多德派学者，拒绝用**伽利略**（伽利略·伽利雷，1564—1642年）的望远镜来观察。

在17世纪，他的思想基础已经被**弗朗西斯·培根**（1561—1626年）和**罗伯特·波义耳**（1627—1691年）这些新的经验论方法的奠基者摧毁了。**托马斯·霍布斯**（1588—1679年）曾说："在自然哲学中没有什么比那种现在被称为亚里士多德的《形而上学》的东西更为荒谬的。"亚里士多德派哲学教授们的独断主义差不多毁灭了亚里士多德的著作。

亚里士多德是"科学的"？

17 世纪经验论者的主要指控是，亚里士多德是**非科学的**。这很反讽，如果我们想一下他的人生规划，即描述一个科学上可理解的世界。"可理解的世界"是什么意思？一个主要的**范式转移**发生在对这个世界的观照方面。亚里士多德是一个询问异教问题的异教徒。

世界包含的实体是什么？人作为一种特殊的实体是什么？

基督教把人提升到"不只是一种特殊的实体"的境地。

他们在世界中是独特的，具有其他任何事物都没有的灵魂和永恒命运。

笛卡尔的怀疑

到了 17 世纪，基督教关于人的"特殊性"的学说转变为一种极端的自我意识，它以经验和怀疑的方式观察世界。**勒内·笛卡尔**（1596—1650 年），一个在几何学、光学和物理学方面有浓厚兴趣的数学家，将主体的元素引入认识论："我们如何**确定地**知道我们知道？"

这把哲学塞入一个怀疑的泥潭，什么都不能从中产生。亚里士多德关于世界的清晰论述，不包含任何关于我们如何理解世界的深刻见解，因而慢慢显得平淡和幼稚。

经验论消除了怀疑？

笛卡尔的怀疑似乎被培根的经验论干净地解决了。培根强调的是归纳和实验的首要性，而不是亚里士多德不严格的观察。

实验必须是可重复的，以确定在我们研究的现象中哪些因素总是出现或总是缺乏。

培根

培根预示了我的原则，证伪在科学程序中与证实同样重要。

卡尔·波普尔

培根认为亚里士多德的动力因更重要，并降低了其他原因的地位。但是培根的方法论不能解决笛卡尔的主体的非确定性的问题——相反，正如我们接下来将看到的。

休谟的怀疑论

苏格兰的启蒙思想家**大卫·休谟**（1711—1776年）探究自我认识、信念和因果性这些问题。对人性的科学研究揭示了心灵遵循的是联想律，这意指的是我们的关键信念——例如，原因——是想象的结果，而不是推理。

我们习惯性地期望"原因与结果"的序列，将只是心理学的必然性归于自然。

休谟的观点是，我们的概念只是由归纳而来的信念……

那不可能是真的。

伊曼努尔·康德（1724—1804年）在《纯粹理性批判》中着手捍卫人类认识的基础。

康德的认识论

　　康德与休谟一致的地方在于，知识基于经验。但是他反对以下观念，像原因这样的概念只是心理学的。康德返回到亚里士多德的范畴思想及其对先天和后天知识的区分。先天知识是先于经验而又不依赖于经验的，后天知识后于经验并依赖经验。康德论证说，我们不可能先天地知道有关世界本身的任何东西，它独立于我们的**认识能力**。他推翻了休谟的论证……

亚里士多德在今天的重要性

康德的理论是有限度的向亚里士多德的回归，但不能完全地消除怀疑论。然而它使我们再次肯定了亚里士多德形而上学的潜能。如果我们关于世界的知识有意义，那么无疑我们与世界处在一种直接而不含糊的精神关系之中。根据这个假设，亚里士多德相当自信地提出了一种理论，它是关于构成这个显明的世界之**基础**的东西的。

亚里士多德思想的其他方面在今天仍然重要。

▶ 尤其是，他关于道德心理学和德性伦理学的著作，仍然处于哲学思考的前沿，并在中立及中左翼政治学的基础上激励着当代社群主义的政治和社会学说。

▶ 亚里士多德的德性理论构成了两条道路之间的"第三条道路"，一方面是犀利的物质主义将人的行为还原到基因和生物化学的因果性，另一方面是不可证实的牵涉非物质实体的二元论，如"灵魂"或者"权利"这样的实体，它们是人作为人确实具有的。

▶ 我们也已经看到亚里士多德关于**美学**和**符号学**的思想在文化领域仍然有重大意义，对后现代的僵局构成了挑战。

在本书结尾处我们可以说，总的来说亚里士多德的**实在论**对政治学、伦理学、艺术、哲学和科学具有积极的影响。

延伸阅读

正像我在其他地方说的，阅读亚里士多德的原著不是一种轻松的体验。他的著作可能不是给大众阅读的，因此给出一些引导是有益的。两千多年来，人们一直在撰写关于亚里士多德的著作，有许多可供选择的书，其中不少讨论的是他实际上意指的是什么，而不是他说了什么。另一方面，阅读原著带有一种厚度和质地，这最终是相当值得的。

蒂莫西·A. 罗宾逊（Timothy A. Robinson）的《亚里士多德纲要》（*Aristotle in Outline*, Hackett Publishing, 1995）对非专业人士是有用的概述，还有肯尼思·麦克利什（Kenneth McLeish）的"伟大哲学家"系列《亚里士多德》（*Aristotle*, Routledge, 1999）。另有值得阅读的大卫·罗斯（David Ross）的经典论述《亚里士多德》（*Aristotle*, Routledge, 1995）和 J. L. 阿克里尔（J. L. Ackrill）的《哲学家亚里士多德》（*Aristotle the Philosopher*, Oxford Paperbacks, 1981）。我发现乔纳森·巴恩斯（Jonathan Barnes）编辑的《亚里士多德剑桥研究指南》（*The Cambridge Companion to Aristotle*, Cambridge University Press, 1995）特别有用。也可看看理查德·麦基恩（Richard McKeon）编辑的《亚里士多德导论》（*Introduction to Aristotle*, Modern Library, 1992）。

如果一般的读者了解亚里士多德工作的背景，那么在理解他的思想时也是有帮助的。关于古希腊哲学可用的资料有很多，弗朗西斯·康福德（Francis Cornford）的《苏格拉底之前与之后》（*Before and After Socrates*, Cambridge University Press, 1932）是一个好的开始。柏拉图的著作在理解亚里士多德时是非常重要的，为此，我无法推荐更好作为入门的书——除了图画通识丛书中戴夫·罗宾逊（Dave Robinson）的《柏拉图》。玛莎·努斯鲍姆和理查德·舍拉布基（Martha Nussbaum and Richard Sorabji）都是有影响力和重要的作者，关于古希腊哲学对今天的重要性有许多可说的。例如，努斯鲍姆的《善的脆弱性》（*The Fragility of Goodness*, Cambridge University Press, 2001）是一本我期待去读的书。更有挑战性的书是 G. E. R. 劳埃德（G. E. R. Lloyd）的《亚里士多德的探索》（*Aristotelian Explorations*, Cambridge University Press, 1999）。

对于亚里士多德的中世纪影响力感兴趣的读者也许会喜欢侯赛因·卡西姆（Husain Kassim）的《中世纪穆斯林、犹太和基督教哲学中的亚里士多德与亚里士多德主义》（*Aristotle and Aristotelianism in Medieval Muslim, Jewish and Christian Philosophy*, Austin and Winfield, 1996）。还有许多关于其著作的特殊方面的书，像政治学、形而上学等。有一些非常吓人，就像 W. D. 罗斯（W. D. Ross）的《亚里士多德：形而上学》（*Aristotle: Metaphysics*, Oxford University Press, 1924），篇幅达到了上千页。然而，我觉得詹姆斯·乌尔姆森（James Urmson）的《亚里士多德的伦理学》（*Aristotle's Ethics*, Wiley–Blackwell, 1988）很有价值，很恰切。读者也许也会喜欢安东尼·肯尼（Anthony Kenny）的《亚里士多德论完美生活》（*Aristotle on the Perfect Life*, Clarendon Press, 1996）和辛西娅·弗里兰（Cynthia Freeland）编辑的《对亚里士多德的女性主义解读》（*Feminist Interpretations of Aristotle*, Pennsylvania State University Press, 1998）。

致谢

本书的文字作者想要感谢他的妻子，感谢作者撰写本书时她付出的耐心，还有编辑理查德·皮格纳内西，尤其要感谢戴夫·罗宾逊，罗宾逊是一个教师所能期望的最好的同事，没有他这本书是无法完成的。

插图作者还要感谢霍华德·彼得斯、玛德琳·芬顿、奥斯卡·萨拉特和阿拉贝拉·安德森，因为他们慷慨无私的帮助。

索引